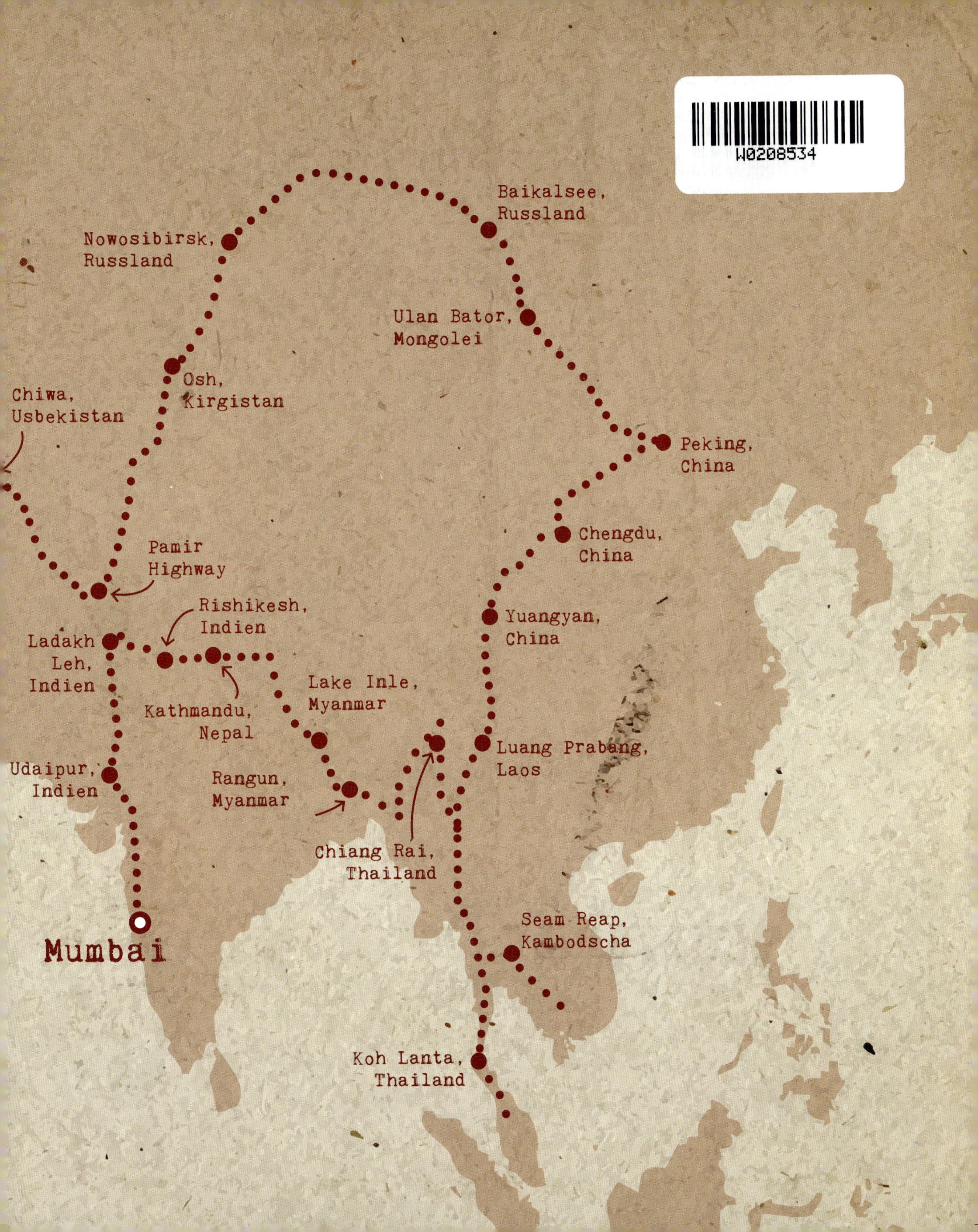

Baikalsee,
Russland
Nowosibirsk,
Russland
Ulan Bator,
Mongolei
Osh,
Kirgistan
Chiwa,
Usbekistan
Peking,
China
Chengdu,
China
Pamir
Highway
Rishikesh,
Indien
Yuangyan,
China
Ladakh
Leh,
Indien
Lake Inle,
Myanmar
Kathmandu,
Nepal
Luang Prabang,
Laos
Udaipur,
Indien
Rangun,
Myanmar
Chiang Rai,
Thailand
Mumbai
Seam Reap,
Kambodscha
Koh Lanta,
Thailand

»Und plötzlich weißt du: Es ist Zeit, etwas Neues zu beginnen und dem Zauber des Anfangs zu vertrauen.« Meister Eckhart

NATIONAL GEOGRAPHIC

ASIA OVERLAND

50.000 km, 540 Tage, 20 Länder

GABRIELE GERNER

Inhalt

8 EINLEITUNG

16 AUF DEM AUTOPUT BIS NACH ISTANBUL

20 WELCOME TO ASIA

32 WILLKOMMEN IN ABSURDISTAN: (EX-)OSTBLOCK TRIFFT ASIEN

THAILAND: HIPPIE-FEELING UND CHILLEN IN DER HÄNGEMATTE 100

IM LAND DER KHMER: SELTEN SCHÖNE ARCHITEKTUR 112

EIN LAND ÖFFNET SICH RASANT: MYANMAR IM WANDEL DER ZEIT 124

NAMASTE INDIEN! WO SIND DIE HIPPIES? 136

52
MÜTTERCHEN RUSSLAND: WODKA, WEITE, WILDE STRASSEN

60
MONGOLEI: GRENZEN-LOSE AUSSICHTEN

72
CHINA: MAOS ERBEN RÜCKEN UNS AUF DEN PELZ!

86
LAOS: LANGSAM IST GAR KEIN BEGRIFF

NEPAL: BITTE EINMAL ZUR FREAKSTREET NACH KATHMANDU
146

ZURÜCK IN INDIEN: DIES-MAL GEHT ES HOCH HINAUS!
156

182
MAKING-OF

184
IMPRESSUM

Gebetsfahnen vor dem Hindutempel auf dem 5360 Meter hohen Chang La Pass in Ladakh

Einleitung: Von wem hat sie bloß diese Reiselust?

TRANSEUROPA IM VW-KÄFER, TRANSAFRIKA MIT DEM MOTORRAD UND JETZT MIT DEM 911ER QUER DURCH ASIEN!

Vererbt hat mir die Fernreiselust niemand, so viel steht fest. Die gesamte Verwandtschaft ist bis zum heutigen Tag eher in »geordneten Bahnen« unterwegs, viel öffentlicher Dienst und Beamtentum. Aus den sechs Wochen Urlaub pro Jahr macht jeder das Beste, fast ausnahmslos im europäischen Raum. Einen Onkel väterlicherseits soll es mal als Jockey nach Amerika verschlagen haben, aber ob das stimmt? Man weiß es nicht.

Frühe Urlaube mit meinen Eltern und Geschwistern haben mich nach Südfrankreich zum Zelteln, einmal nach Holland an die Nordseeküste und mehrfach nach Berlin an den Stölpchensee geführt, ebenfalls zum Campen. Der Urlaub begann schon mit dem Probeaufbau des Zeltes im Garten. Sind die Heringe noch komplett, wie war das noch mal mit der Aufhängung des Innenzelts? Irgendwas gab es immer! Am Anfang sind meine Eltern, wir drei Kinder und unser Dackel Lumpi im hellblauen VW 1200 durch Europa gereist. Der Platz im kleinen Kofferraum hat natürlich nicht für unser gesamtes Gepäck samt Familienzelt gereicht und so war mein Vater gezwungen, das Gepäck auf dem Dach unterzubringen, alles fein säuberlich abgedeckt mit einem gebrauchten Torfsack, der von der Gartenarbeit übrig geblieben war. Die Fahrt in dem engen Auto war ziemlich anstrengend und der Streit zwischen uns drei Geschwistern auf der Rückbank praktisch vorprogrammiert. Auch meine Mutter hätte am Urlaub daheim vermutlich mehr Freude gehabt – Hunderte von Kilometern mit dem Hund vorne im Fußraum und jeden Abend Dosenravioli, Spaghetti und Co. für fünf Leute auf einem winzigen Campingkocher, das hat sicher nicht wirklich Spaß gemacht. Für uns Kinder waren die Urlaube mit dem Zelt aber natürlich das Höchste; Abenteuer pur, fremde Länder, das Meer – einfach schön! Später wurden die Autos größer, der Kofferraum hat problemlos unser ganzes Gepäck geschluckt und Torfsäcke auf dem Dach gab es auch nicht mehr.

Dann kam die erste Reise mit Freund, von München sollte es irgendwie nach Afrika gehen! Also Interrailticket gekauft, losgefahren, die erste Nacht im Zug verbracht. Und dann sollte ich in eine Jugendherberge, so etwas kannte ich damals gar nicht. Und wollte ich auch nicht kennenlernen! Hals über Kopf bin ich aus dem Schlafsaal geflüchtet und kurzerhand mit meinem Freund in die nächste Pension in Venedig gezogen. Leider führte das dazu, dass ich bereits aus Rom meinen Vater anrufen musste, damit er mir per Blitzüberweisung 300 DM zukommen lässt. Natürlich gab es einen Riesenärger, das Geld kam aber am nächsten Morgen an. Ab diesem Zeitpunkt habe ich meine Ansprüche deutlich zurückgeschraubt.

Dann die erste Reise allein. Sobald ich mit meinem Studentenjob genug Geld verdient hatte, bin ich in ein Reisebüro in der Münchner Türkenstraße spaziert. »Wann und wie lange möchten sie weg?« Morgen, drei bis vier Wochen. »Wohin wollen Sie?« Eigentlich nach Amerika! Nach eini-

[1] Campingurlaub mit VW und Familienzelt in Südfrankreich [2] Der hässliche Mercedes 710 auf einem idyllischen Fleckchen am Millstätter See [3] Direkt vor unserem Haus in München kann ich den Motor des 710er in Ruhe überprüfen. [4] Wohlverdiente Pause von der Enge im kleinen VW für die ganze Familie [5] »Probefrühstück« im neu ausgebauten 710er auf der Testfahrt in Richtung Albanien [6] Zum ersten Mal beschleicht mich ein »König-der-Welt-Gefühl« im Führerhaus des 710er. [7] Von meinem Vater nur »der Panzer« genannt, schiebt sich unser Ungetüm über die Straßen.

1

2

3

4

5

6

7

gem Suchen: »Für Amerika finde ich morgen nichts, aber ich hätte einen Flug nach Bangkok!« Tja, über Thailand wusste ich rein gar nichts, aber in Ermangelung von Alternativen...? »Okay, dann eben Bangkok!« Das Lufthansa-Ticket in der Touristenklasse für damals 2040 DM hat mehr als zwei Drittel meines gesamten Urlaubsbudgets verschlungen. Nachmittags schnell noch in die Fußgängerzone, einen Reiseführer besorgt, dazu einen kleinen Thai-Sprachführer und eine Regenjacke, danach wurde gepackt und am nächsten Morgen hieß es ab zum Flughafen. Seltsamerweise ging trotz nicht vorhandener Unterkunft, fehlenden Impfungen und Medikamenten, trotz Regenzeit, kaum Vorbereitung und mangelnder Routine alles gut. Vier Wochen später kam ich glücklich und bis oben hin beladen mit kleinen Bananen und Litschis, die es damals in Deutschland noch nicht zu kaufen gab, aus Thailand zurück. Es war eine unglaublich abenteuerliche Reise, die ich niemals vergessen werde. Ich bin überzeugt, dass diese geglückte Aktion die Initialzündung für mein Fernweh war.

Irgendwann kam dann die Zeit, da hatten Italien, Tunesien, Sri Lanka, Thailand und wie die Hochburgen des Pauschaltourismus sonst noch so heißen, als Reiseziele ausgedient. Auf einmal hatte Vietnam, das sich gerade den ersten Besuchern öffnete, einen »Klang«, genau wie Jemen, Baikalsee, Sudan, Malawi, Burkina Faso ... Bald wollte ich nur noch allein oder mit meinem Mann Christian reisen, unabhängig und am liebsten mit dem eigenen Fahrzeug bereits ab München. Aber selbst das Mitfahren auf Christians Motorrad ging mir über kurz oder lang auf die Nerven, immer nur seitlich am Helm vorbei in die Landschaft schauen, das

war nicht mein Ding. Bei einem Motorradurlaub in Griechenland habe ich schließlich beschlossen, zu Hause in München den Motorradführerschein zu machen, um dann irgendwann auf zwei Rädern durch Afrika zu fahren. Also ab in die Fahrschule, mit 37 Jahren die Prüfung bestanden und tagleich eine Yamaha 600 XT gekauft. Mit der bin ich dann ca. 100 000 Kilometer durch halb Europa gefahren, bevor sie von einer BMW F 650 GS abgelöst wurde. Die hat mich dann abermals durch Europa, nach Russland und schlussendlich alleine von München über die Balkanstaaten durch den ganzen Iran und wieder zurückgebracht. Christian musste das natürlich toppen und hat im Jahr darauf vorgeschlagen, in drei Monaten von München nach Kapstadt zu fahren. Gesagt, getan. Es war eine absolute Traumreise, einmalig schön und abenteuerlich!

Links oben: Christian schreinert im Garten die Inneneinrichtung für den Bock. Links unten: Ein Anfang ist gemacht: Grundgerüst und Lattenrost für das Bett sind fast fertig. Mitte: Passt auch alles? Der neue Tank und der Dachgepäckträger sind fertig. Oben rechts: Der Ausbau schreitet voran. Bei nur zehn Quadratmetern Fläche sieht man schnell, dass es vorwärtsgeht. Unten rechts: Familienbesuch zur Begutachtung: Meine Eltern und die Schwester sind mit dem Ergebnis der Ausbauarbeiten sehr zufrieden.

Links: Nagelneu und glänzend: Spüle und Zweiflammenherd mit Glasabdeckung, schön eingebaut in die Holzarbeitsplatte Oben rechts: Die Schaumstoffbezüge habe ich aus Stoff, den ich in Südafrika gekauft habe, genäht; das Bild, die Tischsets und das Kissen stammen ebenfalls aus Afrika. Unten rechts: Die Einrichtung sollte besonders werden, hell und farbenfroh. Wir haben beschlossen, hauptsächlich afrikanisches Dekor, das wir selber vor Ort gekauft haben, zu verwenden.

Nach einer Weltreise 2012 und einer großen Westafrikareise 2013 haben wir uns schließlich entschlossen, eine wirklich lange Reise zu machen. Wir träumten ja beide schon lange von einem Mercedes-Rundhauber-LKW und etwa fünf Jahre zuvor hatte ich unüberlegt und unbesehen bei eBay einen uralten 710er-Rundhauber ersteigert. Christian hielt das Ganze erst für einen Spaß, kam dann aber doch mit zur Abholung an die holländische Grenze. Dort wartete eine kleine Katastrophe in Form eines orangen Riesengefährts mit Alkoven auf uns, hässlich wie die Nacht und mit einem Ausbau, der jeder Beschreibung spottete. Trotz eines spontanen Wintereinbruchs habe ich den LKW damals mehrere Hundert Kilometer bis nach München gefahren, und was soll ich sagen: Es hat mir total Spaß gemacht! Ich saß da wie der König der Welt in meinem erhöhten Führerhaus, selten habe ich ein Fahrgefühl so genossen. Christian hingegen war das Führerhaus nicht hoch genug und er konnte sich einfach nicht mit dem rotgelben Ungetüm anfreunden. Ich habe den LKW dann direkt vor unserem Haus in München abgestellt, die Stromzufuhr für die Ausbauarbeiten gesichert und monatelang praktisch jeden Abend an meinem neuen fahrbaren Untersatz herumgewerkelt. Nachdem ich einen neuen Boden gelegt, die Wände tapeziert, eine kleine Küche eingebaut, das Bad schön ausgebaut, Bezüge für die Möbel genäht und Vorhänge angebracht hatte, war ich richtig zufrieden. Sogar für ein 70 Zentimeter breites Büro mit schön geschwungener Arbeitsplatte war ganz hinten im Wagen Platz. Außen wurde noch auf beiden Seiten eine Folienschnitt-Weltkarte angebracht und dann habe ich im Verwandten- und Bekanntenkreis stolz das Ergebnis präsentiert. Ich wurde allenthalben sehr gelobt, nur Christian war der LKW leider nach wie vor ein Dorn im Auge. Eine von mir initiierte Probefahrt, die uns eigentlich nach Albanien führen sollte, fand ihr vorzeitiges Ende in Graz, Christian wollte nicht mehr weiter. Ich bin daraufhin in einem Rutsch von Graz nach München zurückgefahren und habe den 710er sofort wieder bei eBay verkauft.

Also musste diesmal ein LKW her, der uns beiden gefällt, schon ein Oldtimer, aber nicht zu alt, damit sich die laufenden Kosten für Steuer und Versicherung in Grenzen halten. Fündig geworden sind wir nach langer Suche schließlich in Niederbayern. Zum Glück waren wir beim Anblick von »unserem« Lastwagen beide sofort begeistert. Also haben wir zügig Nägel mit Köpfen gemacht, noch einige Änderungen vornehmen lassen und ihn dann »nach Hause« gebracht. Und da stand er erst mal monatelang. In dieser Zeit haben wir ihn zu zweit aufwendig ausgebaut, viel recherchiert und gegoogelt, uns in Baumärkten und bei Wohnmobilausstattern umgesehen, dies eingebaut, das noch mal geändert, und irgendwann war das gute Stück dann wirklich fertig. Zusammen mit seinen Paten Gisela und Sabine haben wir den Wagen dann so richtig mit Sekt getauft, und fortan war er nur noch »der Bock«.

Geplant war ursprünglich, unsere Transafrikareise mit dem Motorrad ein zweites Mal mit viel Muße im LKW zu absolvieren, nach links und rechts auszuscheren und sich alles noch mal in Ruhe anzuschauen. Leider kam der Bürgerkrieg in Syrien dazwischen und es gab keinerlei Möglichkeit, diesem gefahrlos auszuweichen. Deshalb haben wir uns letztlich für Indien entschieden. Aber auch diese Strecke wartete mit unüberwindlichen Schwierigkeiten wie der extrem gefährlichen Durchquerung von Pakistan auf. Doch eines Abends wurde uns klar, dass es zu Pakistan durchaus Alternativen gibt und wir die Gunst der Stunde nutzen und auf diese Weise den Hippietrail mit der Seidenstraße kombinieren könnten. Und dann begann endlich die genaue Streckenplanung!

Geduldig warten die festlich gekleideten Gelbmützenmönche am Flughafen von Leh/Ladakh auf den Besuch des Dalai Lama. Gelbmützenmönche sind wie der Dalai Lama Anhänger der Gelug-Schule des tibetischen Buddhismus.

AUF DEM AUTOPUT BIS NACH ISTANBUL

Früher bei türkischen Gastarbeitern beliebt, fahren heute auch viele Westeuropäer auf dem Autoput in Richtung Griechenland und Türkei. Die Fahrt gerät durch viele Grenzübergänge und hohes Verkehrsaufkommen zur Geduldsprobe.

Vielseitige Hagia Sofia: Erst Kirche, dann Moschee, jetzt Museum

Jetzt geht's los: Raus aus Bayern, die Welt wartet...

Die Fahrt durch den Balkan führt uns teils durch sehr ärmliche Dörfer. Manchmal kann man sich gar nicht vorstellen, dass man hier tatsächlich noch in Europa ist!

»Reisen macht bescheiden. Man erkennt, welch kleinen Platz man in der Welt besetzt.« Gustave Flaubert

Gut gelaunt und ein bisschen stolz sitzen wir wieder einmal am Millstätter See vor unserem Bock.

Der Lageplan des sehr teuren Campingplatzes in Slowenien. Die Annehmlichkeiten wie Therme etc. nutzen wir nicht, wir sind noch zu sehr mit den neuen Lebensumständen im Bock beschäftigt.

Das beengte Wohnen auf zehn Quadratmetern ist am Anfang ziemlich nervig und irgendwie uncool. Zeitraubende Fragen: Wo ist der Dosenöffner, die Regenjacke, wo ist überhaupt irgendwas? Dazu das ungewohnt langsame Vorwärtskommen mit unserem Bock, zumindest im Vergleich zu den Reisen per Motorrad! Und die ewigen Fragen zu den diversen Geräuschen im Führerhaus – »Ist was, fehlt was, geht gerade was kaputt?« – heben die Laune auch nicht gerade. Überteuerte Campingplätze mit Ostblock-Charme und eine Übernachtung auf dem Areal eines Stundenhotels in Sofia runden unseren Aufenthalt im Balkan ab. Es kann also nur besser werden und das wird es auch!

WELCOME TO ASIA

Endlich in Asien angekommen! Beim Schild »Welcome to Asia«, das am Ende der Bosporusbrücke hinter Istanbul am Straßenrand steht, kommt ein Gefühl von Ferne und Unwirklichkeit auf. Selten wird einem so klar vor Augen geführt, dass man gerade den Kontinent wechselt!

Der Meidān-e Emām erhielt seinen klangvollen Namen, der »Platz des Imams« bedeutet, zu Ehren von Aytollah Khomeni.

Kulturclash am Bosporus: Der Muezzin ruft

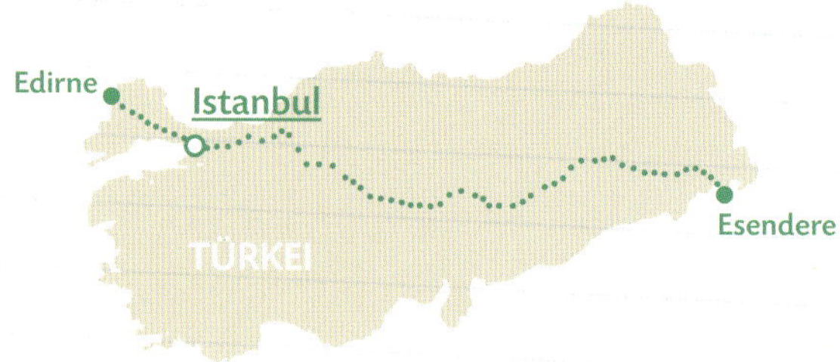

Amulette gegen den »bösen Blick« findet man in muslimischen Ländern an jeder Ecke zu kaufen.

In den meisten muslimischen Ländern sind die Moscheen während der Gebetszeiten für Nichtmoslems geschlossen.

In der Türkei kauft man fast ausschließlich frisches Obst und Gemüse auf den vielen Märkten. Abgepacktes hat da keine Chance.

Das muss man mögen: Teilweise hängen ganze Schafe oder wie hier Schafsköpfe in den Auslagen und schauen auch noch vorwurfsvoll!

Genau genommen sind wir hier im türkischen Edirne ja noch in Europa. Rund drei Prozent der Fläche der Türkei liegen in Europa, die anderen 97 Prozent in Asien. Gemütlich sitzen wir spätnachmittags bei lauen Temperaturen in einer aufwendig renovierten ehemaligen Karawanserei und essen einen gut gewürzten, echt türkischen Kebab. Dazu gibt es ein leckeres Ayran, ein erfrischendes Joghurtgetränk, und zum Abschluss ein süffiges Efes-Bier. Köstlich!

Spätestens beim farbenprächtigen Sonnenuntergang wird klar, dass wir uns in einem anderen Kulturkreis befinden: In unmittelbarer Nähe tönt der Ruf des Muezzins vom schlanken Minarett. Dieser fremdartige Klang geht mir durch und durch und ich genieße die berückende Atmosphäre sehr!

Tag eins und Tag zwei im »Reich des Bösen«

DER IRAN IST SCHÖN, NICHT GEFÄHRLICHER ALS IDAR-OBERSTEIN UND DIE MENSCHEN SIND GRÖSSTENTEILS NETT UND GASTFREUNDLICH!

Nach der relativ unkomplizierten Einreise in den Iran bleiben wir bei der nächsten Gelegenheit am Straßenrand stehen. Wir, das sind in diesem Fall Ruth und Walter mit ihrem Toyota Suri2 sowie Christian und ich.

Ruth und ich haben schon seit der letzten Kontrolle in der Türkei bunte Kopftücher auf. In den größeren Städten wird sich über die strengen Kleidervorschriften mittlerweile durchaus hinweggesetzt, ohne Kopfbedeckung geht im Iran aber gar nichts! Gut gelaunt beschließen wir, dass Orumiyeh, die nächste größere Ortschaft, unsere erste Übernachtungsstation im Iran werden soll. Wir fließen im für uns alle unübersichtlichen Verkehr irgendwie mit und entdecken dabei ein Restaurant am Straßenrand. Das Parken mit den beiden großen Fahrzeugen gestaltet sich nicht gerade einfach.
Das Restaurant ist sparsam möbliert und komplett gefliest und wirkt auf uns sehr steril. Niemand spricht hier auch nur ansatzweise Englisch, wir verständigen uns im wahrsten Sinne des Wortes mit Händen und Füßen. Nachdem uns bei der Bestellung nicht klar war, was auf den Teller kommt, lassen wir uns die vorzügliche, original persische Küche schmecken.

Als Christian und Walter sich beim Wirt nach geeigneten Stellplätzen für die Nacht erkundigen, erwidert dieser mit Händen und Füßen, dass gleich die Polizei kommt und uns zu einem Hotel bringt. Genau das wollten wir aber nicht! Doch zu spät, draußen blinkt schon das Blaulicht! Die Polizisten wissen nicht so recht, was sie mit uns anfangen sollen, einen Fall wie diesen hatten sie noch nie. Schließlich einigt man sich darauf, dass wir die Autos zwischen Restaurant und Nachbarhaus parken dürfen. Der Platz ist schrecklich, es sieht aus wie auf einer Abbruch-Baustelle! Aber egal, wir sind todmüde.

Der Restaurantbesitzer, dem mittlerweile sein Englisch sprechender Freund zur Seite steht, bietet uns netterweise an, »for more comfort« bei ihm im ersten Stock zu schlafen. Wir schätzen das Angebot sehr, lehnen aber dankend ab. Die lieben Leute wissen ja gar nicht, wie schön wir es in unseren fahrenden Eigenheimen haben und wie gern wir darin übernachten!

Walter stellt Suri2 in der Nähe zum lauten Platz ab, das erweist sich jedoch als Fehler: im Dunkeln kommt die Polizei zurück, holt ihn aus dem Auto und erklärt, dass wir jetzt doch keinesfalls hierbleiben können, das sei viel zu gefährlich. Auch bei uns klopft jemand kräftig gegen das Blech, wir machen aber nicht auf, weil wir schon kurz vorm Einschlafen sind und von dem ganzen Ärger nichts mitbekommen (wollen)... Und irgendwann lösen sich die Probleme – wie so oft – in Luft auf.

[1] Antiamerikanische Propaganda am Straßenrand [2] Andere Länder, andere Sitten: Ohne Kopftuch geht gar nichts! [3] »Schreibbüro« am Straßenrand: Das Angebot wird auch heute noch gern angenommen. [4] Eine Einladung zum Tee kann man im Iran nur sehr schwer ausschlagen. [5] Trotz der vielen Einladungen verbringen wir die Nächte doch am liebsten in unserem gemütlichen Bock. [6] Der größte Salzsee Irans trocknet aus und verschwindet: An den Ufern des Orumiyeh-Sees liegen die Schiffe bereits an Land! [7] Ein grauenhafter Standplatz: die erste Übernachtung im Iran in Orumiyeh

هر کس میخواهد با آمریکا
مبارزه اساسی بکند باید
به این مردم خدمت کند

1

2

3

4

5

6

7

Es gibt Tage im Verlauf einer solchen Reise, da wird man allein von den vielen Eindrücken beinahe erschlagen und möchte abends nur noch ins Bett. Vorzugsweise sind dies Tage mit Grenzübergängen. Ein Kulturkreis, an den man sich gerade gewöhnt hat, endet abrupt mit der Ausreise und gleich dahinter taucht schon das nächste vollkommen unbekannte Land auf.

Unbekannt ist uns auch die Art von herzlicher Gastfreundschaft, wie sie im Iran praktiziert wird, z. B. von Reza, der in der schwach besuchten Touristeninfo in Orumiyeh arbeitet und uns zuliebe kurzerhand vorübergehend den Dienst quittiert. Stattdessen fährt er uns einen Vormittag lang in seinem Privatauto, einem in die Jahre gekommenen Renault Pars, durch die Gegend. Der Renault Pars ist seit 2004 auf dem Markt, die Einzelteile kommen bis auf den Motor als CKD-Fahrzeuge (Completely Knocked Down) aus dem Ausland, die dazugehörigen Motoren werden im Iran gebaut, genau wie im Anschluss das komplette Fahrzeug. So umgeht man die hohen Einfuhrzölle für Komplettfahrzeuge.

Unsere erste Station ist ein Versicherungsbüro, in dem wir die im Iran vorgeschriebene Versicherung für unseren LKW abschließen. Die Prämie hängt vom zulässigen Gesamtgewicht ab, wir bezahlen bei 7,5 Tonnen 88 Euro. Als Nächstes geht es in eine kleine Wechselstube, in der wir uns mit iranischen Rial eindecken. Auf den schönen Geldscheinen kann man den bereits 1989 verstorbenen Revolutionsführer Ayatollah Khomeini bewundern.

Reza fährt uns zu unseren Fahrzeugen zurück und zeigt uns an der nächsten Tankstelle noch, wie das Dieseltanken

ohne Dieselkarte funktioniert. Dieselkraftstoff wird im Iran extrem subventioniert und ist nur für Berufskraftfahrer vorgesehen. Da es uns selbst zusammen mit Reza nicht gelingt, die notwendige Dieselkarte zu ergattern, sind wir auf das Wohlwollen anderer LKW-Fahrer angewiesen. Die geben uns von ihrem Kontingent jeweils die benötigte Menge Diesel ab, wir bezahlen dann den Grundpreis und einen kleinen Aufschlag. So sind alle zufrieden und es gibt diesbezüglich niemals Probleme.

Zum Schluss bringt Reza uns sogar noch bis zur Autobahn. Eine Gastfreundschaft, die man erlebt haben muss, sonst glaubt man es einfach nicht!

Oben: Die beiden Revolutionsführer Ayatollah Khamenei, oberster Religionsführer seit 1989, und Ayatollah Khomeini, politischer und religiöser Führer der Islamischen Revolution von 1979, werden gern und oft zusammen auf einem Plakat oder wie hier an eine Wand gemalt gezeigt.

Links: Viele junge Iranerinnen sind ausgesprochen interessiert an der westlichen Lebensweise und sehr aufgeschlossen. Nachdem die Mädchen ihr Englisch zum Besten gegeben und viele Fragen gestellt haben, lächeln sie abschließend noch freundlich in die Kamera.

Esfahan ist die Hälfte der Welt...

EINE STADT IM WANDEL DER ZEIT: MITTELALTER UND MODERNE TREFFEN SICH IN ESFAHAN.

...besagt ein altes persisches Sprichwort über die frühere Hauptstadt Persiens. Dem kann ich nur zustimmen. Auch bei meinem dritten Besuch dieser außergewöhnlichen Stadt stelle ich wieder fest, dass sie einer meiner absoluten Lieblingsorte ist.

Wie bei meinem letzten Besuch von Esfahan, damals noch mit dem Motorrad, möchte ich auch diesmal wieder in einem der schönsten Hotels Irans, im »Abbasi«, absteigen. Leider sind sämtliche Zimmer ausgebucht, schade!

Von anderen Overlandern haben wir erfahren, dass es einen zentralen Stellplatz am Fluss geben soll. Er entpuppt sich leider als absolut grauenhaft. Wir parken in einer Ecke, dicht umzingelt von iranischen Autos, und dann gibt es da noch eine Toilette, die ich genau einmal benutze.

Aber die Lage ist klasse und wir ziehen auch gleich los zum Meidān-e Emām, einem der schönsten und größten Plätze der Welt. Dass er mit seinen atemberaubenden Moscheen UNESCO-Welterbe ist, versteht sich quasi von selbst. Vor allem in den frühen Abendstunden, wenn die Sonne spektakulär hinter der Jame-Abbasi-Moschee untergeht, füllt sich das Areal mit Leben. In Pferdekutschen lassen sich die Besucher rund um den ca. 500 Meter langen Platz fahren und bestaunen dabei die herausragende islamische Architektur. Entlang der schönen Brunnen breiten Familien ihre Decken im Gras aus und picknicken. Wir werden immer wieder eingeladen, bei den netten Menschen Platz zu nehmen und aus unserer Heimat zu berichten. Die Iraner sind sehr interessiert und aufgeschlossen, und da sie ganz besonders stolz auf ihre Kinder sind, werden diese auch gern vor die Kameras der Besucher gehalten.

Speziell in Esfahan werde ich immer wieder angehalten; Iraner mustern mich sehr genau und sagen mir mit einem Lächeln, dass ich schöne arische Gesichtszüge hätte und meine blauen Augen gut dazu passen würden. Ein Kompliment, auf das ich durchaus verzichten könnte.

Das historische Zentrum von Esfahan erinnert an vielen Ecken an die Geschichten aus Noah Gordons *Medicus*, und beim Spaziergang durch die oft engen Gassen des Basars fühlt man sich zurückversetzt in eine ereignisreiche Vergangenheit. Durch die kunstvoll gemauerten Dachkuppeln dringt genügend Licht, um die Vielfalt der Waren gut erkennen zu können. Orientalische Basare sind in sogenannte »Viertel« aufgeteilt, in denen man jeweils Geschäfte dersel-

[1] Sie ersetzen die herkömmlichen Schilder: aufgesprühte Wegweiser zu Moscheen. [2] Vor vielen Bäckereien liegen frische Fladenbrote. [3] Kinder sind im Iran alles. Die Eltern und Großeltern sind sehr stolz auf ihren Nachwuchs und präsentieren ihn uns immer wieder gern zum Fotografieren. [4] Die armenisch-apostolische Vank-Kirche ist die bekannteste und meistbesuchte Kirche Esfahans. [5] Im Souk von Esfahan gibt es ein ganzes Viertel nur mit Stoffen für Kleider und Kopftücher. [6] Handgemalte Reklameschilder findet man im Souk an allen Ecken. [7] Roseneis sollte man im Iran unbedingt probieren.

به طرف حرم مطهر
(شاهچراغ)

1

cadeno

2

3

4

5

چایخانه سنتی
آزادگان
صبحانه . ناهار

6

7

ben Sparte findet, z. B. Schuh-, Geschirr-, Kleidungs-, Haushaltswaren- oder Lebensmittelläden. Das Handelsgut wird meistens sehr ordentlich präsentiert; akkurat aufgeschichtete Keramikwaren, farbenfrohe Stoffe, bunte Stickereien und Webwaren erfreuen das Auge.

Beim Besuch des »Metzgereiviertels« entdecken wir fast ausschließlich bei uns unübliche Methoden der Warenpräsentation. Einmal hängen fünf ganze Schafe in der Auslage, gleich daneben entdecken wir eine Reihe Schafköpfe und um die Ecke gibt es dann die passenden Schaffüße. Die Tiere werden entweder auf Schubkarren durch die engen Basargassen angeliefert, alternativ hängen sich manche Verkäufer auch einfach ein Schaf über die Schulter!

Ein weiteres Highlight von Esfahan sind die elf wunderschönen Brücken über den Fluss Zayandeh Rud. Eine der bekanntesten ist die Si-o-se Pol, ein architektonisches Meisterwerk, bestehend aus 33 Bögen.

In den gemütlichen Teehäusern unter dem Brückendach kann man Wasserpfeife in verschiedenen Geschmacksrichtungen rauchen und dazu Tee trinken. Bei einem abendlichen Spaziergang sind die Brückenbögen in gelbes Licht getaucht und spiegeln sich herrlich im seichten Fluss. Leider kann man diese Spiegelung inzwischen nur noch bei kühler Witterung bestaunen, in den warmen und heißen Monaten führt der Zayandeh Rud meistens sehr wenig bis gar kein Wasser mehr.

Über die Brücke gelangt man zu Fuß in den Südteil Esfahans, in dem man auf unerwartete Sehenswürdigkeiten wie die armenisch-apostolische Vank-Kirche und die armenisch-orthodoxe Bethlehem-Kirche mit ihren prächtigen

Malereien trifft. Das im Iran gültige Gesetz zur garantierten Religionsfreiheit ist vermutlich den meisten gar nicht bekannt, ebenso wenig die Tatsache, dass es in Esfahan 13 Synagogen gibt.

Einige typische Restaurants, wo man sich in prunkvollen Räumlichkeiten durch die hervorragende persische Küche probieren kann, findet man ebenfalls hier.

Irgendwann ist es dann Zeit, zum dritten Mal Abschied von Esfahan zu nehmen und auch diesmal weiß ich, dass ich sicher irgendwann wiederkomme in die »Hälfte der Welt«.

Oben: Die Si-o-se Pol in Esfahan, auch 33-Bogen-Brücke genannt, sollte man unbedingt einmal abends besuchen, wenn die Bögen schön beleuchtet sind und sich die Brücke im Zayandeh Rud spiegelt (allerdings ist dies nur noch in den Wintermonaten der Fall, wenn der Fluss nicht ausgetrocknet ist).

Links: Herrliche Mosaiken und Fliesen findet man in fast allen Moscheen.

WILLKOMMEN IN ABSURDISTAN: (EX-) OSTBLOCK TRIFFT ASIEN

Nehmen diese Stan-Staaten denn gar kein Ende? Ein irrer Staatspräsident in Turkmenistan, kein Diesel in Usbekistan, mieseste Straßen in Tadschikistan, irrsinnige Vorschriften in Kirgistan und ein größenwahnsinniger Diktator in Kasachstan. All das erwartete uns auf diesem Abschnitt der Reise.

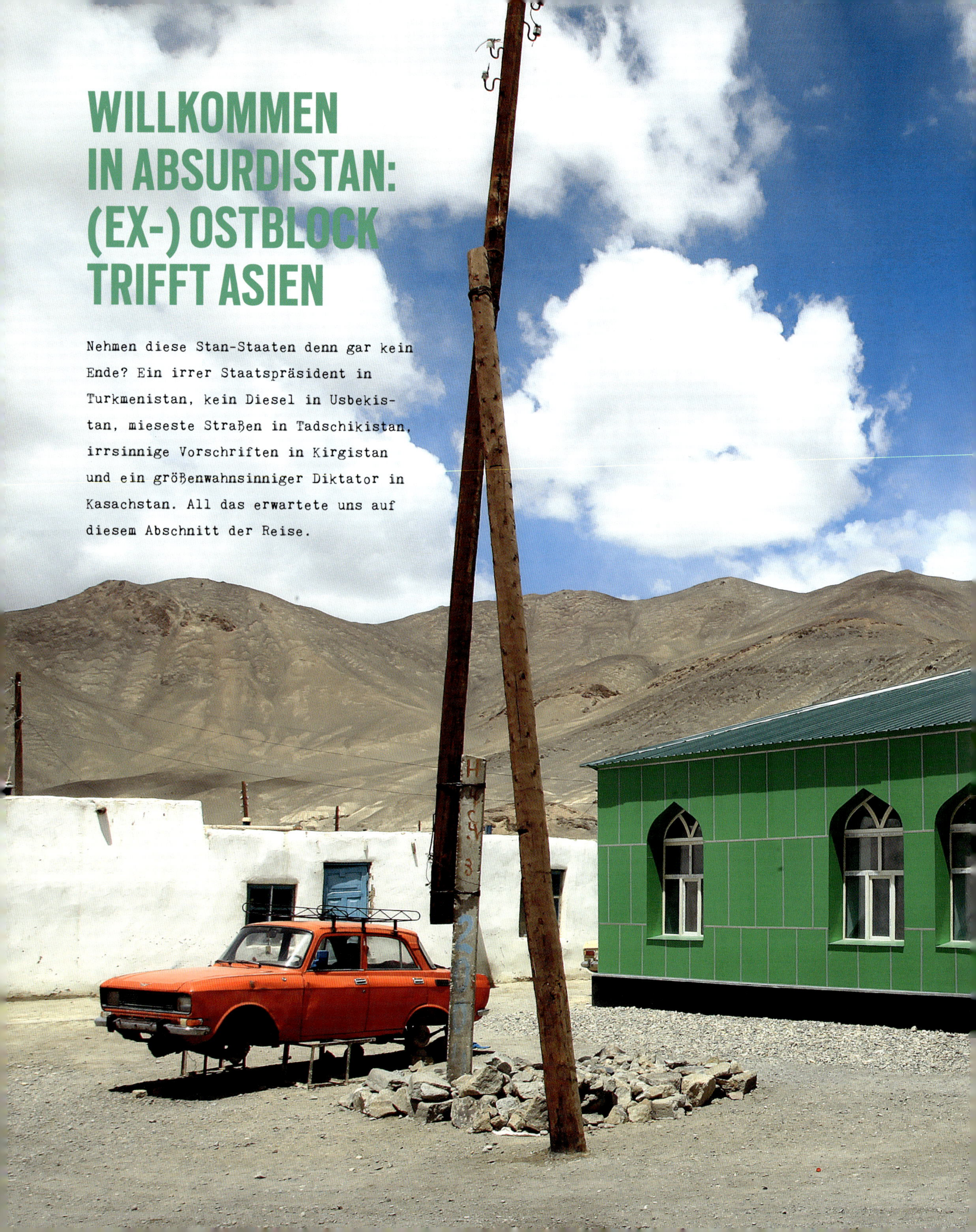

Auch aus dieser kleinen »Wellblech-Moschee« dringen die Gebete zu Allah durch.

Oben: In Buchara hängt ein »geknüpfter« Lenin über der Mauer, bereit zum sofortigen Verkauf. Links oben: Hammer und Sichel sind in den Stan-Staaten keine Seltenheit. Links unten: Dieser überlebensgroße Lenin grüßt auch heute noch in Murghab.

Audienz bei Lenin: Diktatoren geben sich die Klinke in die Hand

Durch Turkmenistan, Usbekistan, Tadschikistan, Hunderte Kilometer entlang der Grenze zu Afghanistan und dann weiter durch Kirgistan und Kasachstan hat uns unsere Reise geführt. Die Endung -stan kommt aus dem Persischen und bedeutet schlicht und einfach »Heimat von«, d. h. Tadschikistan ist die Heimat der Tadschiken usw. Die Stan-Staaten genießen in der Welt keinen besonders guten Ruf und so denkt etwa der kasachische Präsident Nursultan Nasarbajew, der sich leider wenig um die Menschenrechte in seinem Land kümmert, seit Jahren laut darüber nach, Kasachstan umzubenennen, damit es nicht mehr mit krisengebeutelten Staaten wie Afghanistan und Pakistan in Zusammenhang gebracht wird. Dabei stand auch sein eigener Vorname bereits zur Debatte. Man kann nur hoffen, dass der neue Name etwas origineller ausfällt als der der neuen Hauptstadt Astana, was so viel wie »Hauptstadt« heißt. Astana hat als Regierungssitz übrigens das klangvolle Alma-Ata, das ebenfalls in Almaty umgetauft wurde, abgelöst.

Seit der Unabhängigkeit der von uns bereisten Stan-Staaten von der Sowjetunion haben sich die politischen Verhältnisse in den einzelnen Ländern nicht unbedingt verbessert. Zudem wird vielerorts deutlich, dass die Verehrung Lenins keinesfalls nachgelassen hat. Riesenhafte Statuen an allen Ecken zeugen von einer uns unbegreiflichen Sympathie für einen Politiker, der oft im gleichen Atemzug mit Stalin und Hitler genannt wird. In China werden wir später erleben, dass Mao dort ähnlich bewundert und verklärt wird.

Egal ob in großen Städten oder verschlafenen Ortschaften – überall trifft man auf überlebensgroße Lenin-Standbilder aus Marmor. Der Lenin-Hype ist ungebrochen!

Das Einzige, was uns vorwärtstreibt, sind die Gültigkeiten der Visa, belegt mit Ein- und Ausreisestempel der jeweiligen Länder.

Oben: Im größtenteils muslimischen Turkmenistan sieht man oft die Hand Fatimas, der Tochter des Propheten Mohammed. Rechts: Protzige Gebäude am »Presidential Palace Square« in Ashgabat. Der Platz selbst darf von der Bevölkerung nicht betreten werden!

Grenzübertritt in einen Polizeistaat der übelsten Sorte

Kaum einer weiß, wo Turkmenistan eigentlich liegt, ist es doch erst seit dem Ende der Sowjetunion im Jahr 1991 ein eigenständiger Staat. Saparmyrat Nyýazow, der ab diesem Zeitpunkt bis Ende 2006 das Land brutal regiert hat, ließ sich während seiner Amtszeit zum Präsidenten auf Lebenszeit und dann sogar zum Propheten ernennen. Da ihm auch sein Nachfolger Gurbanguly Berdimuhamedow in Sachen Wahnsinn kaum nachsteht, ist die Beamtenwillkür im Land bis zum heutigen Tag spürbar.

Die Schikanen der Staatsbediensteten sollen ja schon bei der Einreise beginnen. Eigentlich! Da ich aber seit jeher eine starke Abneigung gegen Willkür habe, laufen die Grenzformalitäten etwas unkonventionell ab.

Wie immer fordere ich die Beamten vor dem Betreten unserer »Wohnung« auf, ihre Schuhe auszuziehen. Das ist in muslimischen Ländern, und Turkmenistan ist zu 90 Prozent muslimisch, nicht ungewöhnlich, sowohl in der Moschee als auch zu Hause zieht man dort die Schuhe aus. Doch ihre hohen Schnürstiefel halten die meisten Grenzer vom Betreten des LKW ab, sie sind zu faul zum Öffnen und Wiederverschnüren. Ein Beamter kommt schließlich herein und ich öffne einige Schubladen für ihn. Kurz darauf teilt er uns in holprigem Englisch mit, dass seine Kollegen und er jetzt erst mal Mittag machen. Während der Kontrolle? Ja, und zwar etwa eine Stunde lang!

Zwanzig Minuten später ist die Mittagspause vorzeitig zu Ende, der Mann begehrt erneut Einlass. Ich: »No! Now we have lunch!« Fragende Gesichter und ungläubiges Staunen vor dem Bock: Ich koche gerade Spaghetti Bolognese. Mediterrane Düfte wabern durch die sterile Grenzstation und nach einer weiteren halben Stunde werden die Beamten leicht ungehalten. Ich teile ihnen mit, dass wir jetzt noch einen Kaffee trinken, danach kann es weitergehen. Da unser Fahrzeug vor der Grenzkontrolle eine Spur komplett blockiert hat und die gesamte Mannschaft mittlerweile total genervt von mir ist, winkt man uns am Ende zügig durch. Geht doch!

Links: Als farblich schöner Kontrast steht unser grüner Bock ganz stolz im letzten Abendlicht vor dem lodernden Gaskrater von Derweze. Dieser wird nicht umsonst auch »Das Tor zur Hölle« genannt.

Oben: »Lass mich auch mit!« Kamel am Straßenrand zwischen Yerbent und Derweze

Unten: Unser Logenplatz befindet sich in geringer Entfernung zum Gaskrater. Wir sitzen hier wie vor einem riesigen Lagerfeuer und bewundern das sehr seltene nächtliche Schauspiel, dass eine Kamelkarawane genau in dieser Nacht nahe am Krater vorbeizieht. Niemand von unseren vielen Reisefreunden konnte das ebenfalls beobachten.

Chiwa

PELZMÜTZEN BEI 40 GRAD IM SCHATTEN

An der alten Seidenstraße liegt Chiwa, die für mich schönste Stadt Usbekistans. Bei unserer Ankunft leuchtet die alte Stadtmauer der Oasenstadt im warmen Licht der letzten Sonnenstrahlen.

Da wir nicht mehr viel Zeit für die Suche nach einem Stellplatz haben, bleiben wir gleich auf dem großen Parkplatz außerhalb der Stadtmauer stehen. Bald stellt sich heraus, dass wir uns nicht gerade den idealen Ort zum Übernachten ausgesucht haben, denn die Mauer strahlt nachts die Hitze des Tages ab und wir haben um 20 Uhr noch Temperaturen von etwa 35 Grad im LKW. Die nächsten Stunden verbringen wir mit laufenden Ventilatoren, eiskalten Getränken und in der Hoffnung, dass der Morgen bald naht und wir den Tag im Freien genießen können. Und so wird die Aktion Camping in Chiwa gleich in der Früh abgebrochen und wir suchen uns ein schönes Hotel. Das Badezimmer ist doppelt so groß wie unsere gesamte Wohnfläche im LKW!

Gleich nach dem reichhaltigen Frühstück, das wir freundlicherweise im Hotel bekommen, brechen wir zu einer ersten Besichtigung auf. Wir sind begeistert, Chiwa ist märchenhaft schön und unglaublich gut erhalten. Durch das Fahrverbot innerhalb der Stadtmauern ist die Atmosphäre total relaxt.

Die Usbeken sind ganz anders als die Turkmenen, sie lachen viel und speziell die Frauen zeigen dabei gern ihr oft komplett aus Gold bestehendes Gebiss. Kinder toben ausgelassen durch die Gassen, von denen ein mystischer Zauber ausgeht, und gefühlt möchte sich jeder zweite Usbeke mit uns fotografieren lassen. Viele Schulklassen sind unterwegs, an allen Ecken ist fröhliches Lachen zu hören. Die Mädchen und Jungs drängen sich um Christian und mich und fragen in gebrochenem Englisch, ob sie mit aufs Foto dürfen. Dem Wunsch kommen wir natürlich gern nach!

Einige Marktstände präsentieren dicke Fellmützen, wir wundern uns angesichts von ca. 38 Grad schon ein bisschen über dieses Angebot. Dazu muss man wissen, dass es im Winter in Chiwa richtig kalt werden kann, die Temperaturen sinken im Januar in den Minusbereich. Trotzdem möchte ich bei der momentanen Hitze so eine Mütze nicht einmal anprobieren!

Im historischen Stadtkern Ichan Qal'a, der seit 1990 UNESCO-Welterbe ist und in dem man sich wie in einem belebten Museum fühlt, ragt das vollständig mit Mosaiken belegte Kalta-Minor-Minarett in den Himmel. Eigentlich sollte das Minarett mit 70 Metern das höchste in der islami-

Rechts: [1] Schöner Campingplatz in Usbekistan [2] Die uralte Stadtmauer von Chiwa zieht sich sanft geschwungen um die Altstadt. [3] Köstlichen Tee gibt es in Usbekistan zu jeder Tageszeit und an jeder Ecke. [4] Alte, handgefertigte Fliesen und Mosaiken findet man an vielen Gebäuden in der geschichtsträchtigen Altstadt. [5] Die freundlichen Menschen von Usbekistan lassen sich ausgesprochen gern fotografieren. [6] Handgefertigte Marionetten gehören zu den vielen Souvenirs, die ich im Bock für später zwischenlagere.

Links: Der Registan in Samarkand ist einer der schönsten Plätze in Asien und UNESCO-Welterbe.

1

2

3

4

5

6

schen Welt werden, mittendrin wurden jedoch die Bauarbeiten eingestellt und so ist es bei 26 Metern Höhe geblieben.

Chiwa, das am Rande der Karakumwüste an der Seidenstraße liegt, war einst ein wichtiger Umschlagplatz für die durchziehenden Karawanen. Beim Gang durch die verwunschenen Gassen der Altstadt kann man sich gut vorstellen, dass gleich ein paar Kamele um die Ecke biegen und in eine der zahlreichen Karawansereien reiten. Zum Teil wurden die Medresen und Karawansereien zu tollen Hotels umgebaut, in denen heute noch der Geist von damals weht, allerdings in den meisten Fällen mit dem Luxus von heute!

Beeindruckend ist auch die Farben- und Mustervielfalt der unzähligen Teppiche und Decken, die vor den Geschäften über den Mauern hängen. Für den Bock erstehen wir zwei kleine gewebte Bettvorleger und auch bei den in Handarbeit gefertigten Marionetten schlage ich zu. Obwohl sie wirklich sehr schön ist, wird Letztere aber wahrscheinlich zu den Souvenirs zählen, die zu Hause auf Nimmerwiedersehen in irgendeiner Kiste verschwinden. Selbst in unserem doch recht geräumigen LKW ist es schwierig, Platz für Souvenirs zu finden. Während der Reise sammeln sich trotzdem genügend Mitbringsel an und daheim in München stelle ich mir jedes Mal wieder dieselben Fragen: Wohin jetzt mit dem 70 Zentimeter hohen Terrakottakrieger aus China, wo könnte man die 60-Zentimeter-Aluschalen hinstellen, die von den Frauen in Rajasthan zum Wasserholen benutzt werden, an welche Wand soll das zweimal einen Meter große Reliefbild aus Kambodscha und wozu habe ich eigentlich sieben unterschiedlich große Amulette gegen den bösen Blick in drei verschiedenen Ländern ge-

kauft? Ach ja, falls wir in Deutschland doch noch ein zweites Haus kaufen und Platz keine Rolle mehr spielt!

Irgendwann bemerken wir, dass es schon später Nachmittag ist, die Zeit vergeht bei so vielen tollen Sehenswürdigkeiten wie im Flug. Durch eines der vier Stadttore scheinen die letzten Sonnenstrahlen, Kinder spielen Fußball und ganz leise hört man von irgendwoher den Muezzin rufen. Eine wunderbare Stimmung. Wir steigen noch kurz hoch auf die Stadtmauer und haben von dort einen tollen Blick über diese einzigartige orientalische Stadt mit ihren vielen architektonischen Highlights. Im Anschluss essen wir in einem usbekischen Biergarten noch köstliches Rindfleisch-Plow bevor wir uns müde und zufrieden auf den Weg ins Hotel machen. In Chiwa muss man keine Pelzmützen kaufen, eine stressfreie, ausgiebige Besichtigung reicht.

Links oben und unten: Herrliche Mosaiken und handgearbeitete Fliesen in den zahlreichen Moscheen und Karawansereien

Mitte: Kuppel der Medrese Tella-Kari in Samarkand

Rechts: Das Kalta Minor (kurzes Minarett) in Chiwa ist durchgehend mit wunderschönen Fliesen und Mosaiken verziert.

Tadschikistan - Besuch auf dem Afghanenmarkt

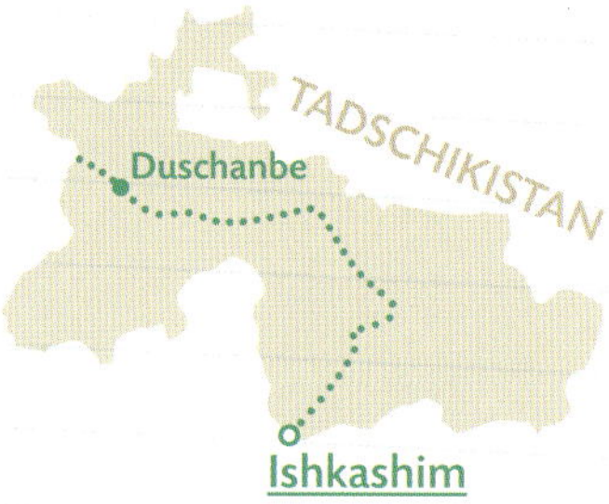

Ein Hingucker auch für die Kinder in Tadschikistan: der grüne Rundhauber, Mercedes 911.

Ein tadschikisches Sprichwort sagt: »Gutes Essen ist Balsam für die Seele.« Auf dem Markt riecht es nach gegrilltem Lamm mit afghanischen Gewürzen.

Die Ruhe selbst: Teppichhändler auf dem Afghanenmarkt

Alles Fake? Wer kennt sie nicht, die berühmte »NIWA«-Creme?

Angekommen in Ishkashim, einem der letzten Orte ohne Internet, haben wir das Glück, dass der seit Wochen geschlossene Afghanenmarkt in zwei Tagen wieder öff-net. Um den Markt besuchen zu dürfen, muss man be-reits an der tadschikischen Grenze seinen Pass abgeben, dann darf man afghanisches Ter-ritorium betreten. Wir nutzen die einmalige Chance, mit interessanten Menschen aus Afghanistan kurz in Kontakt zu kommen. Unbekannte Gerüche vom afghani-schen Grill, typische Tücher, Teppiche, Gewürze, viele Fälschungen wie die »NIWA-Creme« und auch jede Menge Krempel aus China machen den Markt zu einem ganz besonderen Erlebnis.

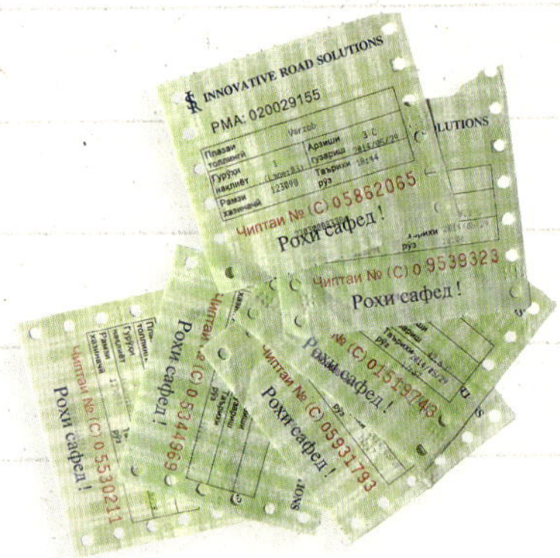

Der Pamir Highway entlang der afghanischen Grenze

EINES DER GRÖSSTEN ABENTEUER DER GESAMTEN REISE

Ein Traum wird wahr und ein großes Abenteuer wartet: Wir befahren die nach dem Karakorum Highway am zweithöchsten gelegene Fernstraße der Welt, den etwa 1300 Kilometer langen Pamir Highway im Hochgebirgsland Tadschikistan. Hier gibt es keinen Urlaub, hier gibt es nur Abenteuer, eine absolute Herausforderung für Mensch und Maschine. Extrem schlechte Straßen, miese Infrastruktur, dünne Luft in großen Höhen und mit dem Ak-Baital-Pass auf 4649 Metern der höchste zu überquerende Pass auf der gesamten Strecke. Das unbedingt erforderliche GBAO-Permit für den Besuch der Autonomen Grenzregion Bergbadachschan haben wir schon mit den Visa zusammen im Vorfeld besorgt. In Duschanbe beschließen wir, die »schöne Südroute« zu nehmen. Schön ist dabei allerdings nur die beeindruckende Landschaft, die uns mehrere Hundert Kilometer an der afghanischen Grenze entlangführt, die Straße selbst ist eine absolute Katastrophe.

Der zweite Tag fängt schon mit Regen an und es geht sehr steil bergab. Irgendwann sehen wir nur noch roten Schlamm, eine Straße ist nicht mehr zu erkennen. Wir freuen uns zwar, dass der Gegenverkehr ausbleibt, fragen uns aber auch, warum das so ist. In einem Tal angekommen sehen wir den Grund: Eine lange Schlange von LKWs und anderen Fahrzeugen, alles steht, ein Erdrutsch! An ein Durchkommen ist gar nicht zu denken, Felsen blockieren die Straße, Wasser schiebt sich aus den Bergen herunter. Erst Stunden später kommen große Räumfahrzeuge aus der anderen Richtung und beseitigen die Hindernisse. Die Aufräumarbeiten sind noch nicht beendet, da brechen schon die ersten Drängler mit ihren PKWs auf und bleiben prompt im Schlamm stecken.

Dem durchschnittlichen Deutschen steigen die Tränen in die Augen, wenn er sieht, wie die Tadschiken mit ihren Autos umgehen. Dieses Phänomen habe ich aber schon in vielen Ländern erlebt, ein Auto ist hier eben ein Fahrzeug, mit dem man von A nach B gelangt, Hauptsache, es fährt! Den Kult um ein supergepflegtes, möglichst großes Auto gibt es in den meisten Ländern nicht, Deutschland ist da einsame Spitze!

Einzigartig sind die Begegnungen mit den Einheimischen, die ziemlich abgeschnitten vom Rest der Welt in dieser Gegend leben und unglaublich gastfreundlich sind. Beim ersten Kontrollposten erklärt ein Beamter, dass der Pamir Highway seit Monaten gesperrt sei. Durch die Morde an mehreren Drogendealern hat sich der Konflikt der Tadschiken mit den Pamiris verschärft, Häuser in Chorbuch wurden abgefackelt, wir sehen diese später noch mit eigenen Augen. Und nun? Ausgeträumt und zurück nach Usbekistan? Ich beknie den Beamten, uns durchzulassen und gestatte ihm sogar, in den LKW zu kommen und sich eine Runde hinters Steuer zu setzen. Viel, viel später lässt er uns schließlich weiterfahren. Gott sei Dank!

[1] Waschtag am Pamir Highway [2] Durch schöne Landschaft geht es steil bergauf. [3] Immer am Abgrund entlang, für zwei Autos nebeneinander ist hier kein Platz. [4] Marco-Polo-Schafstatue im Pamir-Gebirge an der Grenze zu Kirgistan [5] Ein tadschikischer Beamter darf im LKW Probe sitzen, bevor er die Schranke zum Pamir Highway öffnet. [6] Ein Buswrack am Straßenrand ist bezeichnend für die vielen Unfälle, die trotz der wenigen Fahrzeuge passieren.

1

2

3

4

TADSCHIKISTAN
Murghab
Pamir Highway
Eshkashem
AFGHANISTAN

5

6

Als es am 5. Tag dann wirklich in die Höhe geht, fahren wir schon morgens Haarnadelkurven, die so eng sind, dass man die Weiterfahrt eigentlich sofort abbrechen müsste. Mehrmaliges Zurücksetzen in den engen Serpentinen ist keine Seltenheit, von zügigem Vorankommen kann keine Rede sein. Nach acht Stunden Fahrt haben wir gerade mal 100 Kilometer geschafft, sind fix und fertig und stellen den Bock einfach direkt neben der Straße ab. Bestimmt kein Problem, wir haben seit Stunden kein einziges Fahrzeug gesehen. Wir trinken noch jeweils zwei Liter Mineralwasser gegen die Höhenkrankheit und schlafen hier auf 4000 Metern Höhe ohne Abendessen sofort ein. Was für ein anstrengender Tag!

Etwa eine Woche später erreichen wir Murghab, angeblich die einzige Ortschaft auf dem Pamir Highway, in der man sich mit dem Nötigsten versorgen kann. Tatsächlich gibt es hier einen Basar, auf dem alle Geschäfte in ehemaligen Schiffscontainern untergebracht sind. Woher die bloß alle kommen? Sämtliche Waren sind völlig überteuert selbst das hier erhältliche Brot, das sich wie Gummi zieht und keinen Geschmack hat, kostet sehr viel. An Gemüse und Obst gibt es seit Längerem nur noch Tomaten, Kartoffeln und Zwiebeln, eventuell Paprikaschoten und ganz selten mal einen Apfel.

Wir beschließen, im LKW zu übernachten und im Guesthouse Erali die sanitären Anlagen zu benutzen. Endlich mal wieder lange und ausgiebig duschen! Nach etwa einer Stunde sehe ich den Mann der Wirtin mit zwei Eimern ins Dorf gehen – der wird doch wohl nicht das Wasser für unsere Dusche aus dem Ort hier hochtragen? Doch, und

dann wird das ebenfalls mühsam mit angeschleppte Holz im »Duschofen« erwärmt. Um 19 Uhr zeigt mir die Wirtin, wie das funktioniert: Im größeren Behälter befindet sich heißes Wasser, im kleineren kaltes, der Eimer davor ist zum Mischen und mit der roten Schöpfkelle kippt man sich das Wasser über den Kopf! Beim Gedanken an die aufwendige Prozedur traue ich mich fast nicht, mich am warmen Wasser zu bedienen.

Solche Erlebnisse relativieren immer wieder meine Einstellung zum Leben und ich hoffe jedes Mal, dass ich viele dieser Erkenntnisse mit nach Hause nehmen kann. Oft lässt die Freundlichkeit der Leute vor Ort einen schnell den fehlenden Luxus vergessen. Was ist eigentlich wichtig im Leben?

Oben: Freundliche Buben fahren die Ernte ein. In den meisten Fällen kommt hier am Pamir bei dieser Art von Arbeit ein Eselsgespann zum Einsatz.

Links: Wir fahren am Fluss Pandsch entlang und haben immer einen schönen Blick direkt nach Afghanistan, das am anderen Ufer liegt. Natürlich ist es »drüben« wesentlich interessanter, der Baustil, die Menschen mit ihren vollbepackten Eseln – einfach zu wissen, dass dort Afghanistan ist!

Kirgistan: Unsere Nachbarn sind Nomaden

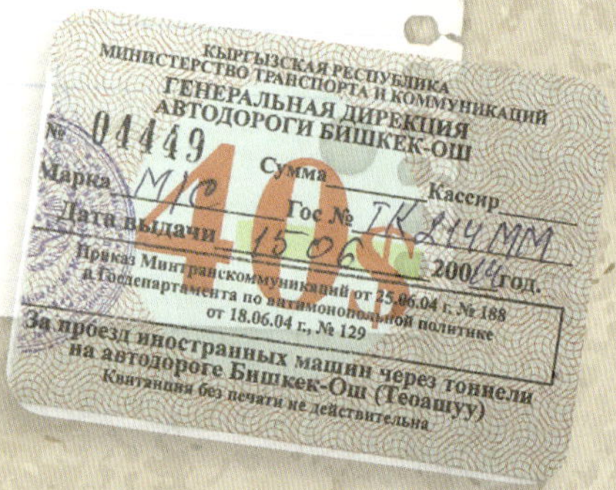
КЫРГЫЗСКАЯ РЕСПУБЛИКА
МИНИСТЕРСТВО ТРАНСПОРТА И КОММУНИКАЦИЙ
ГЕНЕРАЛЬНАЯ ДИРЕКЦИЯ
АВТОДОРОГИ БИШКЕК-ОШ
№ 04449
Сумма 40$
Марка M/C Кассир
Гос № TK 214 MM
Дата выдачи 15.06 200 4 год.
Приказ Минтранскоммуникаций от 25.06.04 г. № 188 и Госдепартамента по антимонопольной политике от 18.06.04 г., № 129
За проезд иностранных машин через тоннели на автодороге Бишкек-Ош (Теоашуу)
Квитанция без печати не действительна

Die Kirgisen sind meisterhafte Reiter und seit Jahrtausenden Pferdezüchter. Der freundliche Nomade bringt das müde Fohlen sicher nach Hause.

»Die Freiheit des Menschen liegt nicht darin, dass er tun kann, was er will, sondern darin, dass er nicht tun muss, was er nicht will.« Jean-Jacques Rousseau

Die Nomadenkinder aus der »Nachbarsjurte« sind nicht scheu und besuchen uns gern.

Die herrliche Landschaft Kirgistans

Auf einem weitläufigen Hochplateau irgendwo in Kirgistan stellen wir unseren Bock an einem idyllischen Plätzchen zwischen zwei Jurten ab. Die vielen weidenden Pferde mit ihren Fohlen vor den schneebedeckten Bergen setzen die Jurten schön in Szene. Schnell bekommen wir dann auch Besuch von einer kirgisischen Nomadenfamilie, bestehend aus mindestens drei Generationen. Die Großmutter hat Kumys dabei. Mir schwant nicht umsonst Schreckliches, denn es schmeckt grauenhaft! Die vergorene Stutenmilch ist das Nationalgetränk Kirgistans und sie wird auch von vielen anderen Steppenvölkern in Zentralasien gern getrunken.

Die »Nomadenoma« kommt im Morgenmantel mit ihren Enkeln auf einen Kaffee am Bock vorbei.

MÜTTERCHEN RUSSLAND: WODKA, WEITE, WILDE STRASSEN

Wir besuchen einsame Dörfer im Nirgendwo, überwinden riesige Entfernungen, übernachten in Sibiriens unberührter Natur mit herrlichen Wäldern und besuchen schlussendlich noch den Baikalsee, UNESCO-Welterbe und größtes Süßwasserreservoir der Welt

Die Ufer der idyllischen Seen eignen sich
hervorragend zum Campen und Grillen!

Wir sind ganz angetan von der »russischen Seele«: Sind die Russen doch ganz nett?

Fisch und frische Kräuter kann man in ganz Sibirien am Straßenrand kaufen.

»Die Russen sind naturverbunden, sie jagen und fischen und halten sich gern in der Natur auf. Und das vielleicht auch noch in Camouflage-Kleidung, ja und?«

Auf den Märkten bekommt man Camouflage-Kleidung in allen Größen und in verschiedenen Farben..

Besonders viel Kreativität steckt in dieser Werbung ja nicht! Das Münchner Löwenbräu grüßt das Russische Löwenburg.

Die ausgesprochen naturverbundenen Russen nutzen ihre Zeit gern zum Fischen an den vielen Seen.

Das Schild »Es ist verboten, den Grenzbeamten Geld oder Geschenke zu geben« hatte ich an der russischen Grenze nicht erwartet. Wie in fast jedem Land, das ich bisher bereist habe, stimmen die Verhältnisse vor Ort größtenteils nicht mit dem überein, was in Deutschland darüber berichtet wird. Die Menschen, die uns von Nowosibirsk bis zum Baikalsee begegnen, haben mit den »bösen Russen, die sich die Krim einverleiben und die Ukraine besetzen«, nichts zu tun. Sie sind vielmehr aufgeschlossen und gastfreundlich.

Durch Birkenwälder zum Baikalsee

Unsere Reise führt uns über Barnaul nach Nowosibirsk, die mit etwa 1,5 Millionen Einwohnern drittgrößte Stadt des Landes. Wir übernachten hier im Deutschen Haus, wo zum Glück etwas Deutsch gesprochen wird. Ab hier beginnen auch allmählich die endlosen Birkenwälder. Wir finden immer eine schöne Stelle zum Übernachten, einen See oder einen Fluss. Ab und an kommt auch jemand vorbei, fragt nach dem Woher und Wohin. Da wir nur ein paar Worte Russisch können, wird der Schwatz mit Händen und Füßen erledigt. Abends ist Grillen angesagt, das Getränk der Wahl dazu ist Wodka. Danach ziehen wir uns bald in den Bock zurück, die Stechmücken sind nämlich extrem angriffslustig. Einmal ist der Parkplatz so einsam, dass wir jede Sekunde damit rechnen, dass gleich ein Bär aus dem Birkenwald kommt!

Oben: Auch hier in Kjachta, der russischen Grenzstadt zur Mongolei, steht eine der zahlreichen Lenin-Statuen, die sich immer noch über das ganze Land verteilen. Dahinter sieht man die aufwendig renovierte Auferstehungskirche.

Rechts: Irgendwann reicht es dann doch mal: mehr als 1000 Kilometer durch Birkenwälder.

MONGOLEI: GRENZENLOSE AUSSICHTEN

Vom im Winter eiskalten Norden bis in die heiße Wüste Gobi im Süden, zum herrlichen, einsamen Gorkhi-Terelj National Park im Osten und zurück über Ulan Bator zum Orchon Valley im Westen hält die Mongolei allerhand Überraschungen für uns bereit. So zum Beispiel ein buddhistisches Energiezentrum in der Wüste, die Khongoryn-Els-Sanddünen, mit 180 Kilometern Länge die längsten Wanderdünen des Planeten, und die kälteste Hauptstadt der Welt, Ulan Bator. Dazu unglaubliche Weiten, eine Stille, die man in den Dünen singen hören kann, und totale Einsamkeit...

Mongolische Pferde gelten als die widerstandsfähigsten der Welt.

Mongolei: Bunte buddhistische Klöster

Seit 1992 ist der Buddhismus in der Mongolei wieder stark im Kommen, es gibt dort schon annähernd 100 Klöster. Wir besuchen als erstes das weit abgelegene Kloster Amarbayasgalant Khiid im Norden der Mongolei. Den Anblick des Klosters in atemberaubender Alleinlage müssen wir uns aber schwer verdienen: 35 Kilometer auf teilweise extrem steilen Pisten mit riesigen Schlaglöchern sind vorher zu bewältigen. Farbenprächtige Türen und Devotionalien sowie eine Zeremonie der Mönche machen den Besuch zu einem besonderen Highlight. Ganz angetan von der Schönheit dieser Anlage besuchen wir in der Mongolei später noch andere Klöster wie z. B. Erdene Zuu in der Zentralmongolei und Khamaryn Khiid beim Shambala-Energiezentrum in der Wüste Gobi. Durchweg alle begeistern uns!

Oben: Eingang zum abgelegenen Kloster Amarbayasgalant Khiid

Rechts: [1] Türklopfer mit buddhistischem Begrüßungsschal, der speziell in der Mongolei in Blau gehalten ist [2] Gebetsfahnen tragen die Gebete der Gläubigen zum Himmel. [3] Uraltes rotes Eingangstor zu einem Nebentempel aus Holz [4] Dharmachakra, das Rad des Gesetzes im Buddhismus, über dem Eingang zum Tempel [5] Der blaue Willkommensschal hängt schon am Griff der alten Tür. [6] Das Drehen der Gebetsmühlen soll mit gutem Karma belohnt werden.

1

2

3

4

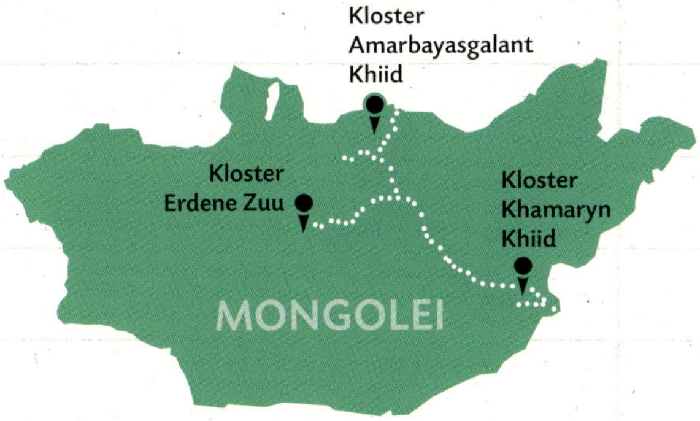
Kloster
Amarbayasgalant
Khiid
Kloster
Erdene Zuu
Kloster
Khamaryn
Khiid
MONGOLEI

5

6

Ulan Bator: Die kälteste Hauptstadt der Welt

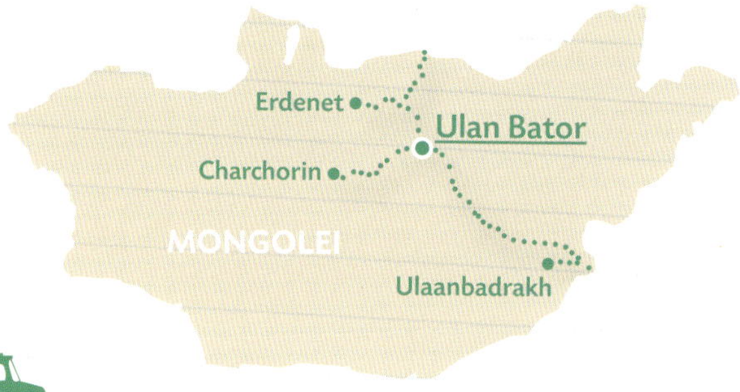

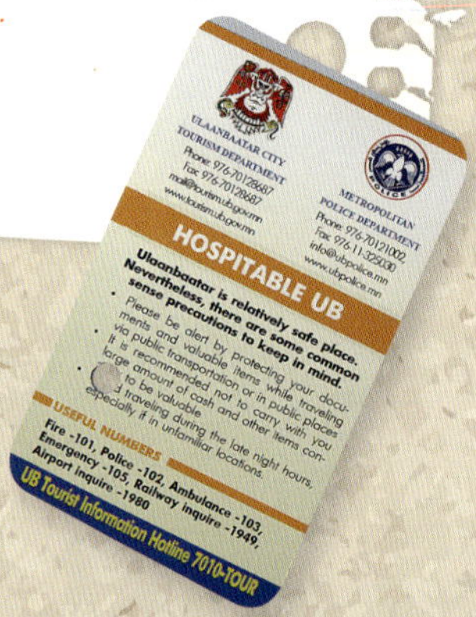

Tradition und Moderne: Landestracht trifft auf Smartphone.

»Von seiner Würde abweichen, ist wie sein Pferd gegen einen Esel tauschen.«
Aus der Mongolei

Ein Tempel des uralten Choijin Lama Temple Museums vor dem futuristischen Hotel »Blue Sky« im Zentrum von Ulan Bator

Auf dem Schwarzmarkt kann man typisch mongolische Stoffe und Decken erwerben.

Im alten Teil von Ulan Bator findet man viele Häuser mit idyllischen Innenhöfen.

Laut Auswärtigem Amt ist in Ulan Bator auf den Märkten mit Taschendiebstählen zu rechnen und auch ansonsten ist es nicht ganz ungefährlich, also Vorsicht! Auch im Winter sollte man die bis zu -47 Grad kalte und von Smog überlagerte Stadt nicht unbedingt besuchen. Die quirlige Innenstadt steht kurz vor dem Verkehrskollaps und so braucht man lange, bis man zur Attraktion Nummer eins, der Statue Dschingis Khans direkt vor dem Parlamentsgebäude im Zentrum, gelangt. Sehenswert sind auch der Schwarzmarkt mit den vielen farbigen Möbeln, dem Jurtenzubehör und den bunten mongolischen Trachten sowie das Gandan-Kloster, in dem heute wieder mehrere Hundert Mönche leben.

Orkhon Valley: UNESCO-Welterbe

Nomaden beweiden das fruchtbare Land an den Ufern des Orkhon-Flusses, das ansonsten von absoluter Einsamkeit und unendlichen Weiten geprägt ist. Ziegen grasen friedlich in der Ebene, Yaks fressen in aller Ruhe vor sich hin und vor den fernen Bergen zeichnen sich ein paar Jurten ab. Ein Mongole besucht uns mit seinem Pick-up und lässt uns ein paar Fische zum Grillen da. Idylle pur am Ende der Welt.

Das Buddhistische Energiezentrum Shambala

LIEGT ES WIRKLICH IN DER WÜSTE GOBI?

Da wir uns bald mit den Reisenden in den anderen drei Fahrzeugen für die China-Durchquerung ganz im Süden der Mongolei an der chinesischen Grenze treffen, brechen wir rechtzeitig von Ulan Bator in Richtung China auf. Der genaue Straßenzustand ist, wie so oft in der Mongolei, nicht bekannt, die Auskünfte reichen von sehr gut bis unglaublich schlecht. Und auf dem Weg dorthin wollen wir unbedingt noch das Kloster Khamaryn Khiid besuchen und dazu das Shambala-Energiezentrum in der Nähe des Klosters. Bis heute weiß niemand genau, wo dieses mythische Königreich liegt. Es gibt viele Vermutungen, eine davon besagt, dass es sich eben hier in der Wüste Gobi befindet.

Nachdem wir uns in Sainshand, der nächstgrößeren Stadt, mit dem Nötigsten versorgt haben, brechen wir in Richtung Kloster auf. Irgendwann wundern wir uns, dass die Straße aufhört und wir wieder einmal mitten durch die Wüste fahren. Sollte es da nicht eine Straße geben? Wir fahren weiter, die Fahrt ist schön, vereinzelt sehen wir in der Ferne weiße Jurten auf den grandiosen Dünen, dazu Wolken, die so niedrig hängen, dass man meint, sie herunterholen zu können. Immer wieder sehen wir rechts und links vom LKW große Kamelherden; es sind keine wilden Tiere, die Besitzer wissen immer, wo ihre Tiere gerade sind.

Hinter einer höheren Düne erscheint plötzlich wie aus dem Nichts das Kloster. In einem Jurtencamp in der Nähe übernachten wenige Touristen, die meisten Besucher machen von Sainshand aus einen Tagesausflug hierher. Wir übernachten direkt vor dem Kloster, die Stimmung ist an diesem Ort sehr besonders. Ein kurzer Besuch der wenigen Anwohner, ein fantastischer Sonnenuntergang und schon beginnt die Nacht mit einem wunderbaren Sternenhimmel.

Am nächsten Tag werden wir frühmorgens von den mit tiefen Stimmen gesungenen Mantras der Gelbmützenmönche, die im Tempel eine Zeremonie abhalten, geweckt. Danach wollen wir unbedingt in die buddhistische Kultur der Mongolen eintauchen und fahren langsam los in Richtung Shambala. An vielen bunten Gebetsmühlen vorbei gelangen wir zum Glockenturm. Man kann die ganze Strecke

Rechts: [1] Tisch mit Opfergaben in Shambala
[2] Kamele auf dem Weg durch die Wüste Gobi
[3] Eingangstür zu einem Tempel im Kloster Khamaryn Khiid [4] Türklopfer mit Gebets- und Begrüßungsschals im Kloster Khamaryn Khiid
[5] Gebetsmühlen auf dem Weg zum Glockenturm in Shambala [6] Buddhistisches Zeichen [7] Bunter Tempel im Kloster Khamaryn Khiid

Links: Buddhas Augen am Eingang zu Shambala

1

2

3

4

5

7

auch gehen, der Prozess ähnelt unserem Kreuzweg. Dabei bringt man jede der Gebetsmühlen in den langen Reihen zum Drehen und murmelt parallel dazu die Mantras. Am Glockenturm angekommen muss man anhalten und sich für Shambala »anmelden«, indem man mindestens dreimal die imposante Glocke läutet, was wir natürlich machen. In Shambala selbst halten wir uns länger auf, es ist ein außergewöhnlich spiritueller Ort. Wir betreten das Energiezentrum durch das mit Buddhas Augen verzierte »Gateway to Shambala«, schon von oben haben wir die insgesamt 108 weißen Stupas, die im und um das Energiezentrum angeordnet sind, gesehen. Die karge, wüstenhafte Umgebung hebt die schlichte Schönheit Shambalas noch stärker hervor. Viele Zeremonien werden abgehalten, aus allen Ecken weht der aromatische Duft von Räucherstäbchen herüber. Es gibt große Tische, an denen die verschiedenen Opfergaben abgelegt werden können, seien es Gebäckstücke, Geldscheine, Bonbons, Arkah, der mongolische Wodka oder kleine solarbetriebene Gebetsmühlen. Viele weiße Steine liegen herum, man wirft diese nach hinten und wünscht sich dabei etwas. Auch ich werfe einen Stein und wünsche mir, dass diese Reise niemals endet!

An dem großen runden Stein, auf dem oben eine silberne Kugel platziert ist und der das eigentliche Zentrum von Shambala darstellt, soll man einen Begrüßungsschal hinterlassen. Diese Schals sind in der Mongolei, anders als in anderen buddhistischen Ländern, in Blau gehalten.

Im Shambala singen die Menschen, manche liegen in mit Steinen eingefassten Rechtecken auf dem Boden und strecken die Arme in Richtung Sonne. Es ist ein echtes Er-

lebnis, so etwas habe ich noch nie gesehen und erlebt. Hier ist alles energiegeladen, und auch der Glaube versetzt ja bekanntlich Berge. Auf jeden Fall würde ich hier am liebsten noch länger verweilen! Bei uns gäbe es an vergleichbaren besonderen Orten schon längst wieder Seminarhotels, Eventschuppen und Ähnliches. Hier stehen unweit des Klosters nur ein paar Jurten, in denen ab und an jemand übernachtet, direkt beim Energiezentrum gibt es gar nichts.

Im Anschluss fahren wir noch ein kleines Stück durch die karge und schroffe Landschaft zu den früheren Meditationshöhlen der Mönche. Es geht viel bergauf und bergab, die Höhlen liegen etwas versteckt. Die Gläubigen legen auch hier überall ihre Gaben ab und zünden Kerzen an. Ist es nur Wunschdenken oder sind wir jetzt wirklich in Shambala, dem mythischen Königreich?

Oben: In Shambala absolvieren die Gläubigen diverse Zeremonien.

Links: Bei diesem Glockenturm muss man dreimal läuten, nur so meldet man sich korrekt für Shambala an.

Folgende Seite: Ein Nebeneingang zur Verbotenen Stadt in Peking wird rund um die Uhr bewacht.

CHINA: MAOS ERBEN RÜCKEN UNS AUF DEN PELZ!

Im Reich der Mitte fehlt eines komplett: Das Gefühl für Abstand und Privatsphäre.

Strammstehen für Mao. Hoffentlich ist bald Feierabend!
世界人民大团结万岁

Ohne Toni geht gar nichts!

UND DAS, OBWOHL TONI GAR NICHT TONI HEISST!

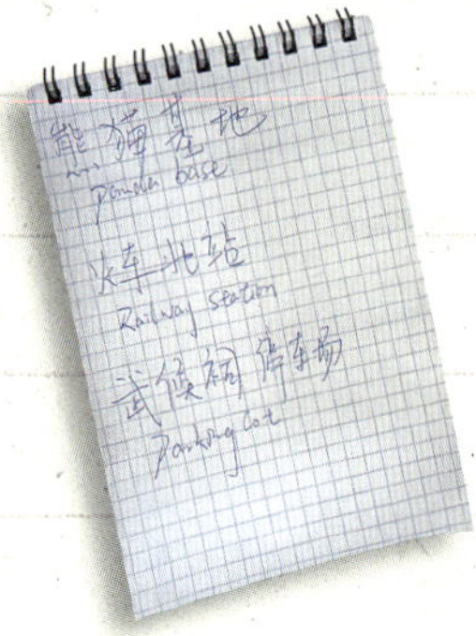

Überpünktlich treffen wir uns in der Wüste Gobi im Süden der Mongolei, unweit der chinesischen Grenze. Wir, das sind Verena und Benni aus dem Schwarzwald mit ihrem roten VW-Bus »fette Elke«, Astrid und Sven aus Bayern, unterwegs mit »Loki«, einem alten Steyr, Ruth und Walter aus der Schweiz mit ihrem reiseerprobten Toyota »Suri2« und eben wir mit unserem grünen »Bock«. Ab sofort nennen wir uns »China-Gang« und gründen gleich eine entsprechende Facebook-Gruppe.

Die Gründe für unser Treffen sind zum einen eine Vorschrift der chinesischen Regierung, die besagt, dass private Fahrzeuge nicht ohne zugelassene Agentur und Führer durch das Reich der Mitte reisen dürfen und zum anderen, dass die ganze Angelegenheit ca. 10 000 Euro kostet, zuzüglich 5 000 Euro Kaution pro Fahrzeug. Da sucht man selbst als eingefleischter Individualist händeringend nach Reisepartnern, um sich die horrenden Kosten zu teilen.

Und so wartet gleich hinter der Grenze ein etwas schmächtiger junger Mann auf uns. Toni spricht ausgezeichnet Englisch und Gott sei Dank macht er einen wirklich sympathischen Eindruck. Er fährt nämlich für die nächsten Wochen im Wechsel jeden Tag in einem unserer Fahrzeuge mit!

Sehr bald merke ich, dass die Investition zwar hoch, aber nicht umsonst war. Schon für die Grenzformalitäten ist es unabdingbar, chinesisch zu sprechen! Meine Chinesischkenntnisse beschränken sich auf »nie hao«, was so viel wie »Hallo, guten Tag« heißt und »xiexie«, ausgesprochen »schischi«, was übersetzt »Danke« bedeutet.

Bei der Fahrzeuginspektion im Zollhof ertönt neben Suri2 plötzlich lautes Geschrei. Den Beamten gefällt der eingezeichnete Grenzverlauf zwischen China und Indien auf der Weltkarte von Ruth und Walter nicht! In Indiens Himalayaregion ist der Grenzverlauf seit sehr langer Zeit höchst umstritten, 1962 gab es deshalb sogar einen kurzen Krieg. Walter soll nun die Karte entfernen! Es wird stundenlang verhandelt, schlussendlich einigt man sich darauf, dass dieser Grenzbereich zu Indien großflächig aus der Karte herausgeschnitten wird!

Unsere geliebten Fahrzeuge müssen hierbleiben und die nächsten anderthalb Tage bemühen wir uns noch um chinesische Kennzeichen, den chinesischen TÜV, einen chinesischen Führerschein und um eine Autoversicherung. Alles wäre ohne Toni nicht möglich!

Rechts: [1] Die Chinesen spielen gern Brett-, Karten- oder Würfelspiele. [2] Beleuchtetes Ausflugsboot in Chongqing [3] Wasserbüffel sieht man in Chinas Landwirtschaft noch sehr oft. [4] In der Wüste Gobi trifft unser Bock auf die anderen China-Durchquerer. [5] »Bitte nicht einschlafen« [6] Katzen auf dem Präsentiertisch

Links: Eine Frau unterwegs zur Feldarbeit telefoniert mit einem Handy der neuesten Generation.

1

3

4

Grenzübergang
Zamiin Uud
Chinesische
Mauer
CHINA
Eren Hot
Peking
Xining
Xi'an
Chongqing

请勿疲劳驾驶

5

江上明月

2

6

Aber zuerst fahren wir mit dem Taxi in die nächstgelegene Stadt Erenhot ins Hotel. Alle wollen jetzt erstmal ausgiebig duschen, dazu reichlich Shampoo in die Haare kneten, ein Genuss für Wohnmobilfahrer, da der Wasservorrat in den Fahrzeugen ja begrenzt ist! Allerdings zwingt die gleichzeitige Benutzung von vier Duschen die Wasserpumpe des Hotels in die Knie. Ein kleiner Knall und Ende! Die Frauen haben schon vorher geduscht, aber die Männer haben jetzt

Schaum in den Haaren, ein Bild für die Götter! Ich gehe zur Rezeption und schildere mit Händen und Füßen das Problem. Zehn Minuten später können sich alle das Shampoo aus den Haaren waschen.

Gegen 15 Uhr trifft sich die China-Gang geschniegelt und gebügelt vor dem Hotel und wir brechen zu einem Orientierungsspaziergang auf. Irgendetwas stimmt hier doch nicht! Aber erst nachdem ich fast von einem vorbeifahrenden Motorrad überrollt worden bin, fällt es mir wie Schuppen von den Augen: Alle Fahrzeuge hier haben einen Elektromotor. Es ist unheimlich still. So etwas habe ich in dem als Umweltsünder erster Güte bekannten China nicht erwartet!

Beim anschließenden Restaurantbesuch bestellen wir unter anderem »Walkie-Talkies«. Mit einem Menü M23 wie bei unserem Chinesen um die Ecke hat das hier rein gar nichts zu tun; das Aussehen, der Geschmack, die verwendeten Zutaten, alles ist anders, intensiver, würziger. »Walkie-Talkies« sind übrigens Hühnerköpfe und Hühnerfüße, sehr gewöhnungsbedürftig!

Wir sind fast fertig mit dem Essen, als Toni das Lokal betritt und erklärt, dass wir uns in einem »Roter-Smiley-Re-

staurant« befinden. Was ist denn das jetzt? Des Rätsels Lösung ist ziemlich einfach: Staatliche Kontrolleure bewerten die Lokale jedes Jahr neu. Die Skala ist in diesem Fall eine grün-gelb-rote Smiley-Reihe. Schnell können wir auf dem Bewertungsbild neben unserem Tisch einen roten Smiley ausmachen. Diese Bewertung entspricht der untersten Kategorie in allen Bereichen, wie Qualität, Frische, Hygiene... Jetzt können wir nur noch hoffen, dass uns der rote Smiley gesundheitlich nicht zum Verhängnis wird.

Am übernächsten Tag brechen wir gesund und munter in Richtung Peking auf. Toni, der in Wirklichkeit einen unaussprechlichen chinesischen Namen hat, den wir nie erfahren, sitzt bei uns im Bock und erzählt, dass seine Agentur ihn zu Toni gemacht habe, weil sein Name für Europäer viel zu schwierig sei!

Links oben: Christian und ich an einem besonders steilen Stück der Chinesischen Mauer Links unten: Erntezeit Mitte: Antiquariat mit Mao-Devotionalien Rechts oben: Hier geht's nach Badaling zur Chinesischen Mauer. Rechts unten: Herrliche Bambusallee in der Panda-Aufzuchtstation in Chengdu

Links: Eine ganz besondere Touristenattraktion: Der große Panda wird in der Aufzuchtstation in Chengdu gefüttert. Etwa 150 künstlich gezüchtete Pandas leben hier.

Oben: Auf dem Yangtse zum Dreischluchten-Staudamm

Unten: Mit viel Geschick rudert der Floßfahrer sein Schiff ans Ziel.

Einmal Präsidentensuite, bitte: Geburtstagsfeier am Dreischluchtendamm

In diese Stadt am Rande des Yangtse wurden viele Chinesen umgesiedelt.

»Ist eine Sache geschehen, dann rede nicht mehr darüber; es ist schwer, verschüttetes Wasser wieder einzusammeln.« Aus China

Ein beliebtes Souvenir sind Windfächer mit Mao-Bildern in allen Farben.

Der Dreischluchtendamm ist überwältigend groß, Besichtigungen sind professionell organisiert.

Bei uns ist es fast schon zur Gewohnheit geworden, dass wir Christians Geburtstag irgendwo in der Ferne feiern; Afrika, Asien, zur Not auch mal in Europa. Und weil es diesmal gerade passt, machen wir zusammen mit Ruth und Walter eine Kreuzfahrt auf dem Yangtse, dem drittlängsten Fluss der Welt, zum Dreischluchtendamm. Von der Panda-Besichtigung in Chengdu geht es mit dem Zug direkt nach Chongqing zu unserem Fünf-Sterne-Schiff und ich schenke Christian ein Zimmer-Upgrade: Ein Highlight der etwa 60 Quadratmeter großen Präsidentensuite ist die freie Sicht nach vorne von unserer privaten Terrasse aus. Nach den drei durchfahrenen Schluchten Qutang, Wu und Xiling ist der gewaltige Staudamm unsere Endstation.

China – Andere Länder, andere Sitten

VOM STEINERNEN WALD ZU DEN REISTERRASSEN VON YUANGYAN

Im letzten Licht des Tages erreichen wir mit unserem umgebauten Polizei-LKW den Parkplatz für den morgen anstehenden Besuch des Steinernen Waldes von Shilin, einer der zwölf UNESCO-Weltnaturerbestätten Chinas. Guten Morgen China! Die ersten Besucher des Steinernen Waldes kommen frühzeitig und parken genau neben unseren Fahrzeugen. Lautstark wird diskutiert, es geht wie so oft um uns und unsere Fahrzeuge. Wir haben in China schnell festgestellt, dass die Einwohner aufgeschlossen, offen und ziemlich neugierig sind. Von Schüchternheit keine Spur. Und so dauert es auch nicht lange, bis an der Eingangstür geklopft wird. Privatsphäre? Fehlanzeige! Wenn mich meine Reisen bisher eines gelehrt haben, dann das: In anderen Kulturkreisen sollte man nicht davon ausgehen, dass irgendetwas so ist wie daheim. Nur diese Einstellung macht froh. Schlussendlich verreist man ja auch, um das Fremde, das Andere, das Neue zu erleben. Nach dem dritten Klopfen öffne ich also, ein junges Pärchen steht vor der Tür: »ni hao, guten Morgen!« In Minimalenglisch wird geklärt, dass die zwei einen kurzen Blick in »unsere Wohnung« werfen dürfen. Mit den neuesten iPhones fotografieren die beiden jeden Winkel, wie immer müssen auch Christian und ich aufs Bild. Nebenbei beantworte ich die fast immer gleichen Fragen: »Woher, wohin, wie alt, warum, Arbeit, Kinder?« Ich habe mittlerweile schon zwei Kinder erfunden, da seit der Türkei in allen bereisten Staaten ein Leben ohne Kinder als vollkommen sinnlos angesehen wird! Fragen, die ich zur politischen Situation in China stelle, werden fast ausschließlich positiv beantwortet. China? Daumen hoch! Mao? Eine coole Kultfigur, wird von unglaublich vielen Chinesen verehrt wie ein Heiliger! Auch die jungen iPhone-Besitzer arrangieren sich ohne Kritik mit der mehr als fragwürdigen Politik Chinas. Nur selten hören wir hinter vorgehaltener Hand, dass Unterdrückung an der Tagesordnung ist. Derweil haben sich an den Kassen zum Steinernen Wald lange Schlangen gebildet. Der Eintrittspreis ist auch hier, wie in

Rechts: [1] Mao wird an allen Ecken hoch verehrt. [2] Die Reisterrassen von Shilin [3] Pavillon im Steinernen Wald von Shilin [4] Märchenhafte Landschaft im Steinernen Wald von Shilin [5] Riesengroße, mit chinesischen Zeichen bemalte Räucherstäbchen in den Yungang-Grotten in Datong [6] Beleuchtetes Stadttor in Pingyao

Links: Die Mädchen sind schon gelangweilt ob der vielen Fotos, die von ihnen gemacht werden.

1

4

2

5

3

6

Oben: Im Steinernen Wald von Shilin stellt sich diese pfiffige Chinesin in der Tracht der Sani-Minderheit gern für ein Foto zur Verfügung. Nicht fehlen darf dabei natürlich das in Asien auf Bildern allgegenwärtige Victory-Zeichen, mit dem das freundliche Lächeln der Einheimischen noch unterstrichen wird.

Rechts: Spiegelungen im Steinernen Wald von Shilin

ganz China, sehr hoch. Wir bezahlen pro Person 200 Yuan, das entspricht in etwa 26 Euro. Der mittlerweile enorm gewachsene Mittelstand ermöglicht es auch vielen Einheimischen, die Sehenswürdigkeiten zu besichtigen. Der Eintritt lohnt sich, der Steinerne Wald wirkt wie eine fremde Fantasiewelt. Durch Erosion sind hier gewaltige, bis zu 30 Meter hohe Steinformationen entstanden. In dunkelblauen Gewässern spiegeln sich die bizarren Skulpturen wider. Frauen in bunten Trachten kommen auf sanft geschwungenen Wegen zwischen den Steinwänden hervor und stellen sich gern als hübsche Fotomotive zur Verfügung: eine Augenweide, dieser Märchenwald! Noch hält sich der Andrang in Grenzen. Es ist ratsam, den Steinernen Wald schon morgens zu besichtigen. Später verschwindet der Zauber durch die vielen Besucher.

Spätnachmittags sitzen wir noch mit unseren Reisefreunden und unserem Guide Toni zusammen und überlegen, wie wir den restlichen Chinaaufenthalt gestalten, da sich der Plan unserer Durchquerung komplett geändert hat. Wir können nicht wie ursprünglich vorgesehen Richtung Tibet und Nepal aufbrechen, denn in Nepal gab es auf der für uns einzig befahrbaren Straße nach Kathmandu einen gigantischen Erdrutsch mit mehr als 100 Toten. Wir setzen uns mit den jeweiligen Botschaften in Verbindung. China besteht auf der per Visum festgelegten, taggenauen Ausreise und die Auskünfte aus Nepal bestätigen unsere Vermutung, dass wir vor diesem Erdrutsch wochenlang festsitzen könnten. So beschließen wir, nach Laos, dem einzig möglichen Ausreiseland in Fahrtrichtung, weiterzufahren und damit einen zu diesem Zeitpunkt ungeplanten Aufenthalt in Südostasien.

Am nächsten Tag steht wieder der Besuch einer Weltnaturerbestätte an: wir besichtigen die Reisterrassen von Yuangyan. Durch die herrlichen Ailo Berge fahren wir auf die Terrassen, die eine Fläche von rund 120 Quadratkilometern bedecken, zu. Vor etwa 1300 Jahren wurden die ersten Terrassen von den Hani, einer chinesischen Minderheit, angelegt. Die Berge hier sind im Schnitt etwa 2000 Meter hoch. Beim Anblick der Terrassen bleibt mir fast der Atem weg, sie sind einfach umwerfend. Ein Kunstwerk, das seinesgleichen sucht! Wir verbringen eine lauschige Nacht mit dem »Bock« in der Einsamkeit zwischen grunzenden Wasserbüffeln und herrlichen Reisfeldern. Die Yuangyan-Reisterrassen sind ein würdiger Abschluss der unglaublich vielen UNESCO-Welterbestätten Chinas, von denen wir einige während der letzten Wochen besuchen durften.

LAOS: LANGSAM IST GAR KEIN BEGRIFF

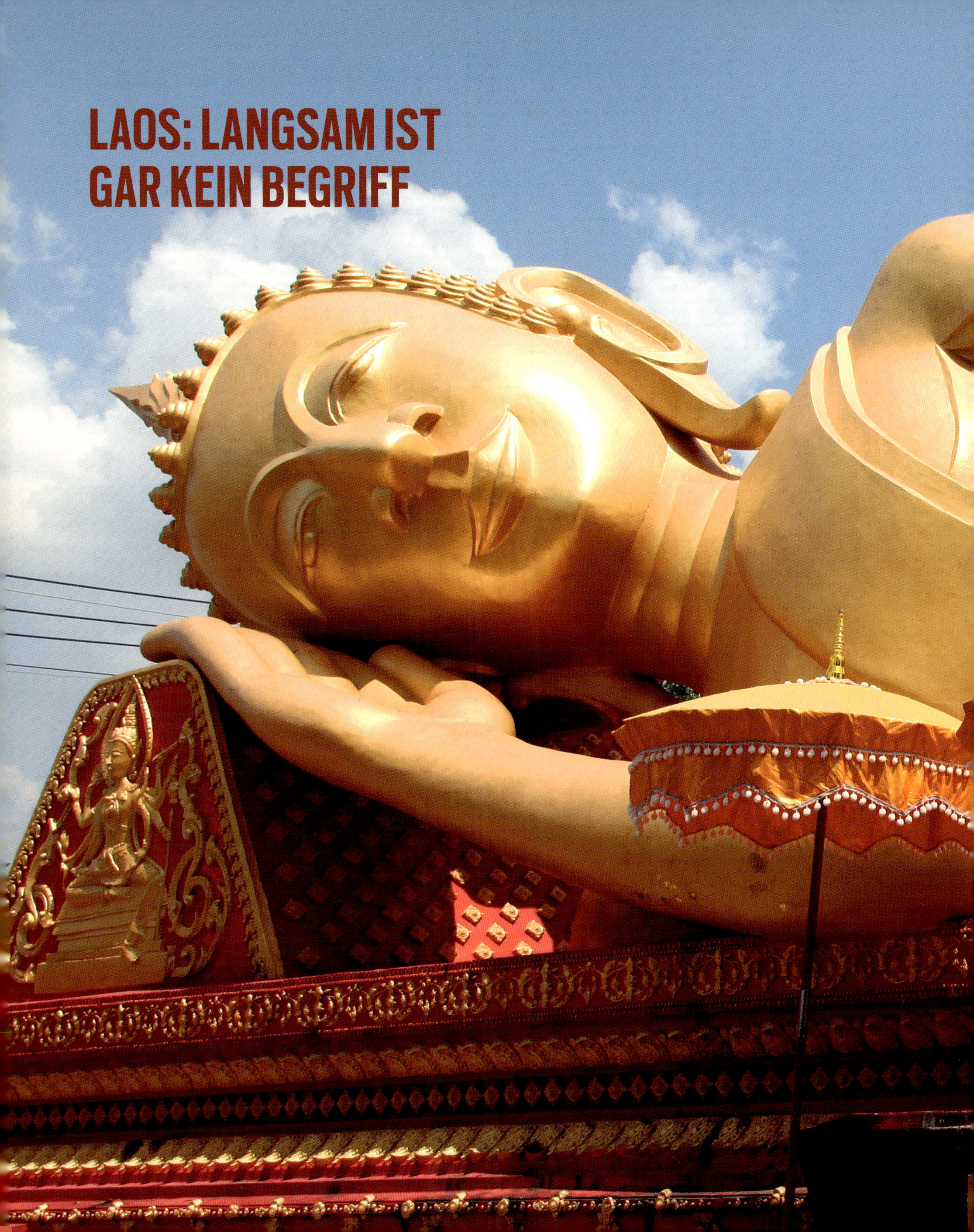

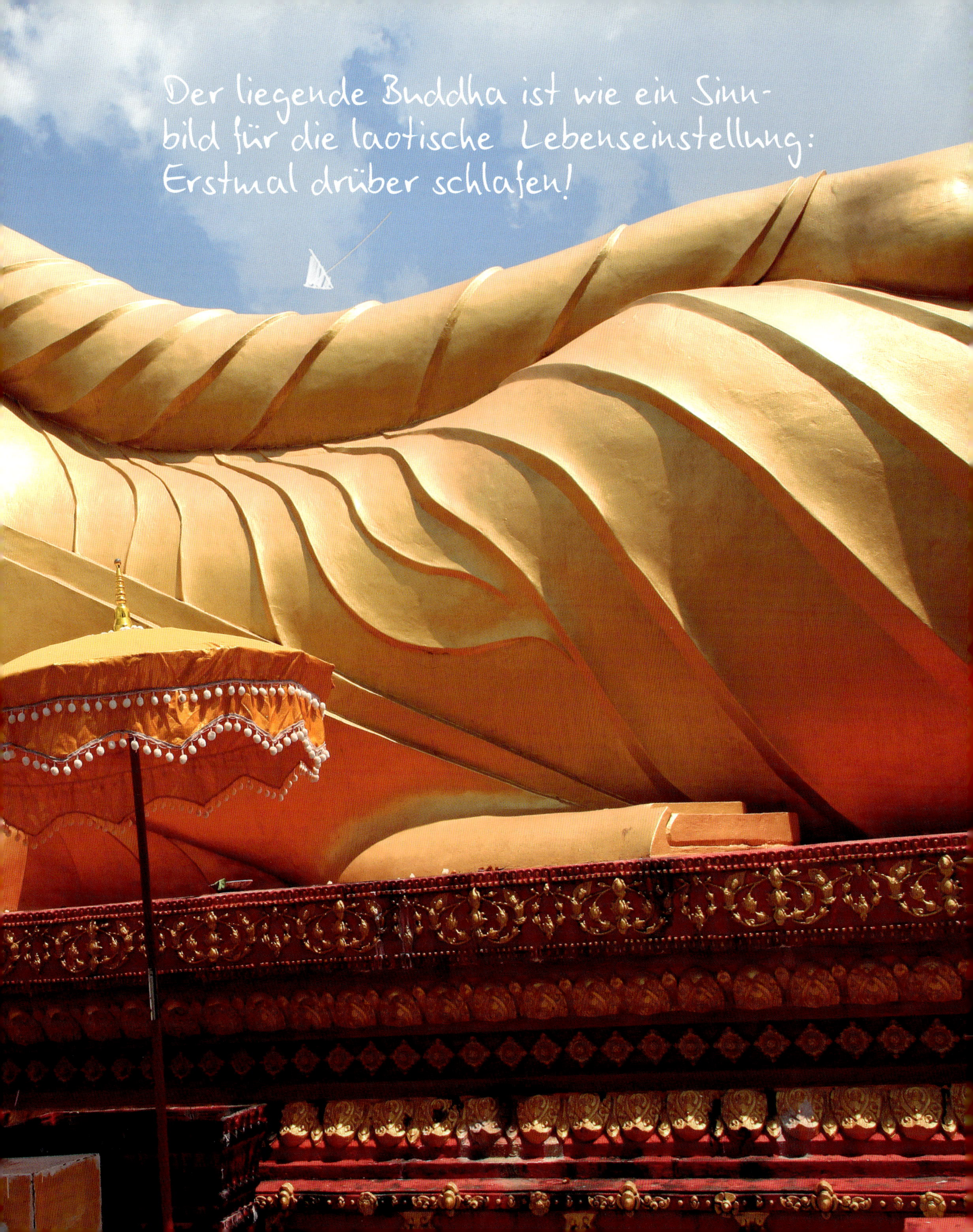

Der liegende Buddha ist wie ein Sinnbild für die laotische Lebenseinstellung: Erstmal drüber schlafen!

Schönheit am Mekong: Luang Prabang

Hektik und Trubel sucht man in Luang Prabang, das am Zusammenfluss von Mekong und Nam Khan liegt, vergebens. Die Stadt gilt als eine der schönsten in Südostasien und nicht umsonst ist die gesamte Altstadt UNESCO-Welterbe. Morgens besuchen wir den Königspalast, in dem inzwischen das Royal Palace Museum untergebracht ist und im Anschluss lassen wir uns durch die Stadt treiben, die im französischen Kolonialstil erbaut wurde. In einem gemütlichen Café beobachten wir die vielen Mönche, die in ihren orangen Kutten an uns vorbeiziehen. Die kleinen Geschäfte mit den farbenprächtigen Handarbeiten sollte man sich keinesfalls entgehen lassen! Abends probieren wir diverse Köstlichkeiten auf dem Nachtmarkt.

Oben: Im Königspalast in Luang Prabang ist heute das sehenswerte Nationalmuseum untergebracht.

Rechts: Auf der vorgelagerten Insel am Zusammenfluss von Mekong und Nam Khan treffen sich abends die Touris und genießen bei einem »Beer Lao« den beeindruckenden Sonnenuntergang.

Handwerken im »Ock Pop Tok«

FÄRBEN, SPINNEN UND WEBEN AM MEKONG

Bereits in China habe ich das wunderschöne, extravagante Hotel in Luang Prabang direkt am Mekong gebucht. Der Name: »Ock Pop Tok«, das ist Lao und heißt »Ost trifft West«. Vor vielen Jahren hat eine englische Fotografin zusammen mit einer laotischen Künstlerin dieses »Projekt« aus der Taufe gehoben. Beide lieben traditionelle, handgewebte Textilien und es war ihnen von Anfang an ein großes Anliegen, Weberzeugnisse zu produzieren, die sowohl westlich als auch östlich geprägt sind und auf diese Weise den europäischen und den asiatischen Modegeschmack zusammenzubringen sowie den fairen Handel zu unterstützen. Das Vorhaben ist geglückt, mittlerweile arbeiten die Betreiberinnen mit rund 400 Handwerkerinnen in ganz Laos zusammen. Zudem gibt es inzwischen zwei edle Shops im Zentrum von Luang Prabang, die unter anderem einen gut betuchten Kundenkreis aus Bangkok anlocken. Das Hotel samt Living Craft Center liegt etwas außerhalb der Stadt direkt am Mekong, zum Komplex gehört auch das einmalig gelegene Silk Road Café.

Wir haben das größte der insgesamt nur vier Zimmer mit dem Namen »The Tai-Room« gebucht. Das mit den Webtextilien des Living Craft Centers ausgestattete Zimmer mit feudalem Lao-Kingsize-Bett und Balkon mit Blick auf den Mekong ist einzigartig und wir fühlen uns sofort wohl. Wenn wir nicht im Bock schlafen, gönnen wir uns immer möglichst ausgefallene und gern auch etwas luxuriösere Zimmer, denn es ist zwischendurch sehr entspannend, der Enge im LKW zu entkommen.

Nach ein paar Tagen Erholung buchen wir einen Workshop im Living Craft Center, wir wollen weben und die dafür benötigte Seide vorher selbst färben. Gleich nach dem Frühstück geht es mit unserer Übungsleiterin und der dritten Kursteilnehmerin, einer sympathischen Japanerin namens Hinata, in den Garten, wo die zum Färben geeigneten Pflanzen wachsen. Als Erstes bekommen wir Schürzen, damit unsere Kleidung vor der Farbe geschützt ist. Dann werden die gesammelten Pflanzenteile und Blüten

Rechts: [1] Die verschiedenen Pflanzen zum Färben werden in einer Schüssel gesammelt. [2] Ganz stolz halten Hinata und ich die gerade gefärbten Seidenfäden hoch. [3] Schön gefärbte Seidenstränge für größere Projekte, die ebenfalls im Living Craft Center auf die Beine gestellt werden. [4] Fast täglich esse ich in Luang Prabang köstliche Nudelsuppe mit Rindfleisch und frischen Kräutern in einem französischen Lokal. [5] Die Webstühle sind ziemlich unbequem und speziell bei mir geht es äußerst schleppend voran. [6] Christians fertiges Tischset, meines war leider nur etwa halb so groß!

Links: Unsere geduldige Übungsleiterin hängt die Seidenstränge über die Mittagszeit zum Trocknen auf.

1

2

3

4

5

6

geschält, gewaschen, mit dem Mörser zerkleinert, geraspelt oder gepresst, um sie im Anschluss zum Kochen zu bringen. Über Holzstäbchen gehängt tauchen wir die Seidenfäden in die jeweilige Farbtunke ein und hängen anschließend alles zum Trocknen auf einen Holzbalken. Und weil wann immer möglich »Eile mit Weile« gilt, lassen wir die Fäden in Ruhe trocknen und überbrücken die Wartezeit bei einem leckeren Mittagessen im Café zusammen mit Hinata.

Das Weben mit den dünnen Fäden soll recht aufwändig sein, und so nehmen wir unsere leuchtend bunt gefärbte Seide, spinnen sie an den Spinnrädern mühsam zu langen Fäden und lassen uns eine erste Einweisung geben. Dann bekommen wir die Aufgabe, ein Tischset mit verschiedenen Mustern zu weben. Schon beim Zusehen schwant mir Übles: Bei dem Tempo werde ich mit meinem Set vor morgen bestimmt nicht fertig! Es dauert ewig, bis ein halber Zentimeter gewebt ist und sobald die Muster ins Spiel kommen, geht es erst richtig rund: Am Webstuhl bewegt sich so ziemlich alles, was sich bewegen kann, Schiffchen rauf, türkisen Faden durch, Schiffchen runter, gelben Faden durch, Wahnsinn! In extremer Zeitlupe ist so etwas wie ein Muster zu erkennen und ich weiß nicht, wie mein Tischset jemals fertig werden soll.

Bis eben dachte ich noch, dass mir meine Webkenntnisse von vor 45 Jahren, als ich am »Webstuhl für Schülerinnen« kleine Telefonuntersetzer angefertigt habe, irgendwie weiterhelfen würden. Doch der Webstuhl, an dem ich jetzt sitze, beweist mir das Gegenteil. Ich webe und webe und am Ende geht praktisch nichts vorwärts, immer wieder zieht es die Seiten zu weit in Richtung Mitte und auch

beim Muster brauche ich Hilfe von der Kursleiterin. Es ist zum Auswachsen! Hinata kommt ähnlich schleppend voran, nur Christian webt wie ein Weltmeister. Nach etwa zwei Stunden breche ich entnervt ab, bis jetzt habe ich ein halbes Tischset geschafft und bringe nicht mehr den nötigen Ehrgeiz auf, dieses fertigzustellen. Nachdem ich mich eine weitere Stunde zwischen den Webstühlen und Spinnrädern herumgetrieben habe, ist Christian endlich fertig und auch Hinata zeigt stolz ihr fast vollendetes Set.

Das Urteil der Kursleiterin über mich ist vernichtend: Hinata würde sie als Hilfsarbeiterin übernehmen, Christian könnte als Webmeister anfangen, nur für mich gebe es keinen Job! Aber der Kurs war interessant, gefärbt habe ich sehr gut, gesponnen auch und das mit dem Weben ist halt nicht so mein Ding!

Oben: Fast jeden Abend geht die Sonne spektakulär hinter den Bergen am Mekong unter.

Links: Auf unserem gemütlichen Balkon im »Ock Pop Tok« mit seinem schönen Blick auf den Mekong könnte man Stunden verbringen.

In den sattgrünen Reisfeldern vor den Karstbergen von Vang Vieng findet man diesen einmalig gelegenen Pavillon, von dem aus man abends die hinter den Bergen untergehende Sonne beobachten kann.

Easy Living in Vang Vieng

Frauen mit Tragekörben auf dem Rücken gehen in Vang Vieng über die alte Hängebrücke auf die andere Flussseite.

Sonnenuntergang hinter den Karstbergen

»Idylle pur: Touristen aus aller Welt entspannen am und auf dem Nam Song River.«

Eine freundliche Laotin im alten Teil von Vang Vieng lässt uns bei der Speisenzubereitung zusehen.

Etwa auf halber Strecke zwischen Luang Prabang und Vientiane liegt ein Hotspot für junge Rucksackreisende: Vang Vieng. Vormittags lässt man sich auf *tubes* (aufgeblasenen Autoreifen) den Nam-Xong-Fluss hinuntertreiben und wird dabei an den Stromschnellen gern einmal aus den Reifen hinaus direkt ins Wasser befördert, nachmittags wird geshoppt oder geschlafen und abends hängt man in einer der vielen Bars ab. Dabei lohnt eine ausgiebige Besichtigung der beeindruckenden Umgebung mit Karstbergen, Höhlen und traumhaft gelegenen Reisfeldern. Auch der ruhigere Teil von Vang Vieng auf der gegenüberliegenden Flussseite, den man nur über eine wackelige Hängebrückenkonstruktion erreicht, ist sehenswert.

Oben: Schlangenschnaps mit Giftschlangen. Bitte nicht probieren, Tierquälerei! Links oben: Große Buddhastatuen in der unteren Höhle von Pak Ou Links unten: Ein Fahrer bringt uns in diesem glänzenden Langboot aus Holz zu den Höhlen.

Pak Ou: Buddhas Reich in schönen Höhlen

In Luang Prabang mieten wir ein Langboot mit Fahrer, um damit auf dem braun glänzenden Mekong zu den buddhistischen Höhlen von Pak Ou zu gelangen. Bei einem kurzen Zwischenstopp in einer kleinen Ortschaft am Mekong besuchen wir einen Markt, auf dem uns Schlangenschnaps angeboten wird. Wir probieren zwar, kaufen aber nichts, denn bereits im Vorfeld haben wir gelesen, dass die Herstellung mit Tierquälerei verbunden ist. Speziell in Laos sind auf Märkten oft ungewöhnliche tierische Erzeugnisse im Angebot, die besonders bei den Chinesen als Heilmittel für diversen Krankheiten gelten. Sehr abschreckend!

Weiter geht die Fahrt, an den Ufern wiegen sich Palmen in der Sonne, die bunten Boote der Einheimischen gleiten ruhig über die sanften Wellen des Mekong. An der Stelle, wo der Nam Ou in den Mekong mündet, sehen wir eine der beiden Kalksteinhöhlen. Während des Indochinakriegs wurden darin von der Bevölkerung Buddhastatuen versteckt, um sie vor Plünderern in Sicherheit zu bringen. Hunderte Buddhas in allen Größen, Farben und aus zahlreichen Materialien stehen und liegen in den Felsnischen, bunte Handskizzen lockern die Sammlung auf. Ein sehr spiritueller und friedlicher Ort, an dem vor Hunderten von Jahren einmal ein Tempel gewesen sein soll. Stufen führen nach oben zur zweiten Höhle, in der es dunkler ist als in der unteren. Man muss sich erst an die Finsternis gewöhnen, bis man auch hier die Statuen in den Felsaussparungen bewundern kann. Dass hier, wie berichtet, ab und zu buddhistische Mönche meditieren, kann ich nicht bestätigen. Zum Glück bleiben die Touristenmassen bisher aus, da man die Höhlen ausschließlich auf dem Wasserweg erreichen kann.

THAILAND: HIPPIE-FEELING UND CHILLEN IN DER HÄNGEMATTE

Kristallklares Wasser, Traumstrände zum Tauchen oder Abhängen, viel Kultur und Menschen, die fast immer lächeln, machen einen Aufenthalt in diesem vielfältigen Königreich zum Traumurlaub!

Hier kann man abends bei köstlichem Essen und Cocktails den Sonnenuntergang genießen

Oben: Love & Peace und bunte Farben an jeder Ecke in Ao Nang.

Rechts oben: Die für diese Gegend typischen Longtail-Boote warten im glasklaren Wasser auf Kundschaft.

Rechts unten: Phranang Cave am Railay Beach

Unten: Einladung zur »Chill Out Night« in der »Why Not Bar«

Ao Nang bei Krabi: Sensationell

Die wunderschönen Karststein-Felsformationen in Ao Nang, die goldenen Sandstrände von Railay Beach sowie die lässige Atmosphäre in den Kneipen und Bars machen diese Ecke Thailands zu einem richtigen Sehnsuchtsziel. Entspannung pur an allen Ecken.

Auf der Insel Railay, die man mit einem der abenteuerlichen Langboote erreichen kann, muss man unbedingt die Phranang Cave besuchen. In dieser Höhle haben Gläubige ganze Berge von Phallus-Symbolen abgelegt, um Fruchtbarkeit zu erbitten.

In Krabi Town sorgt der interessante Nachtmarkt, auf dem man in entspannter Atmosphäre günstiges und sehr gutes Thai-Food essen kann, für Abwechslung. Wir haben zwischen Ao Nang und Krabi Town in einem typischen Viertel für ein paar Wochen eine hübsche Thaivilla gemietet. Sehr stylish, luxuriös und mal eine ganz andere Erfahrung!

N.26

Phuket: Überraschend schön, ziemlich teuer und Russland lässt grüßen

Unbedingt besuchen sollte man die bunten Häuser mit interessanten Geschäften in Phuket-Stadt.

»Das ist das Angenehme auf Reisen, dass auch das Gewöhnliche durch Neuheit und Überraschung das Ansehen eines Abenteuers gewinnt.« Johann Wolfgang von Goethe

Wassersport am angesagten Karon Beach im Westen der Insel

Auf dem Rawai Seafood Market kann man sich die Fische aussuchen und im nächsten Restaurant lässt man sie braten.

»Vorsicht Elefanten«: Leider haben wir nur das Schild gesehen, die Elefanten dazu blieben uns verborgen.

Phuket, die Trauminsel im Indischen Ozean, ist bekannt für weiße Sandstrände, einsame Buchten und ausgezeichnete Tauchmöglichkeiten in den vorgelagerten Korallenriffen. Inzwischen haben auch viele betuchte Russen die paradiesische Urlaubsinsel für sich entdeckt. Was bei ihnen unter Trinkgeld läuft, gibt der durchschnittliche Europäer normalerweise für ein ganzes Essen aus; das hat die Preise extrem in die Höhe schnellen lassen. Zur Belohnung heißt das Restaurant dafür jetzt PECTOPAH, die Speisekarte gibt es in russischer Sprache und die Ober begrüßen die Gäste mit »Derby djen«, dem russischen »Guten Tag«.

Auf Koh Lanta gibt es ganz entzückende kleine Gästehäuser, allerdings mit sehr wenig Komfort. Teilweise gibt es kein fließend Wasser und nur gelegentlich Strom. Die Atmosphäre in diesen originellen Unterkünften ist aber einzigartig und man merkt hier einmal mehr, dass man zu einem glücklichen Leben nicht viel braucht!

VE

Koh Lanta: Love & Peace

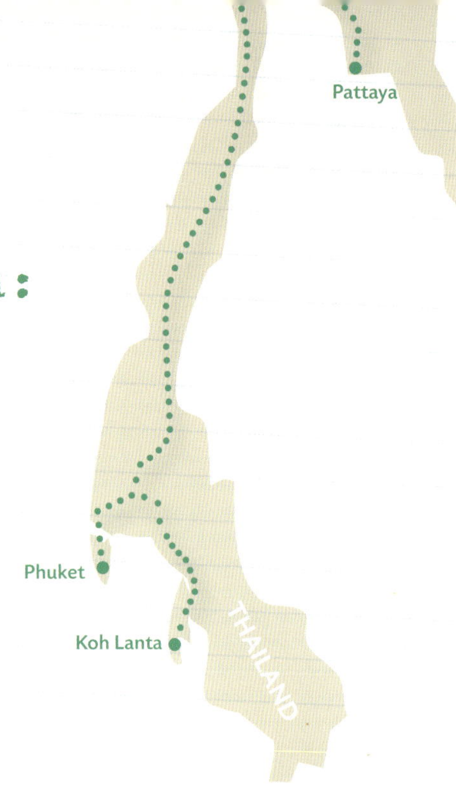

Die hippe Bar direkt am Strand eignet sich vorzüglich zum Chillen!

Dieser chinesische Tempel ist über einen Steg erreichbar, er steht auf Stelzen im Meer in Koh Lanta Old Town.

»Toren bereisen in fremden Ländern die Museen, Weise gehen in die Tavernen.«

Erich Kästner

Das Konterfei von Bob Marley wird auf der ganzen Insel gern gemalt, gesprüht, gestickt, gezeichnet...

Feinsandige Traumstrände und Hippiefeeling laden im Westen der Insel zum Chillen ein. Zuerst passiert man in Richtung Strand fast immer die strohbedeckten, sehr einfachen Hütten ohne Strom und fließend Wasser, gleich dahinter beginnen die »Flower-Power-Beachbars« mit lässigen Hängematten und köstlichen Cocktails. Bestes Thai-Food zu sehr günstigen Preisen steigert den Wohlfühlfaktor noch einmal deutlich. An den paradiesischen Stränden im Naturschutzgebiet im Süden der Insel klingt aus den idyllisch gelegenen Bars die Reggaemusik; hier kann man stundenlang auf Bastmatten zwischen bunten Thaikissen sitzen und über Gott und die Welt nachdenken, extrem entspannend!

Die Kneipen am Meer überbieten sich mit pfiffigen Schildern und originellen Bardekorationen.

RASTA ART
LATE BAR

POSTBOX

We ♥ Pai
Pai ♥ You

Wer Kambodscha hört, denkt sofort an Angkor Wat. Das Land hat aber noch viel mehr zu bieten, wie die gemütliche Hauptstadt Phnom Penh, nicht die schönste aller Städte, aber eine sehr interessante. Und auch der Tonle Sap ist richtig ursprünglich, eine längere Bootsfahrt auf diesem wunderbaren See fast schon ein »Muss«.

Es wird eng in Anghor!

IM LAND DER KHMER: SELTEN SCHÖNE ARCHITEKTUR

Phnom Penh: Eine ziemlich gemütliche Hauptstadt

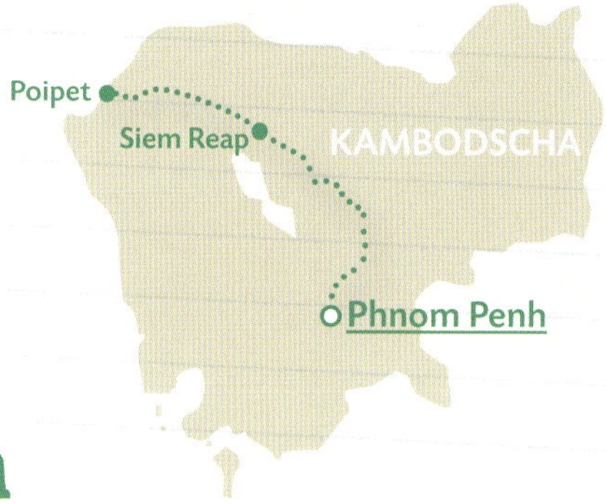

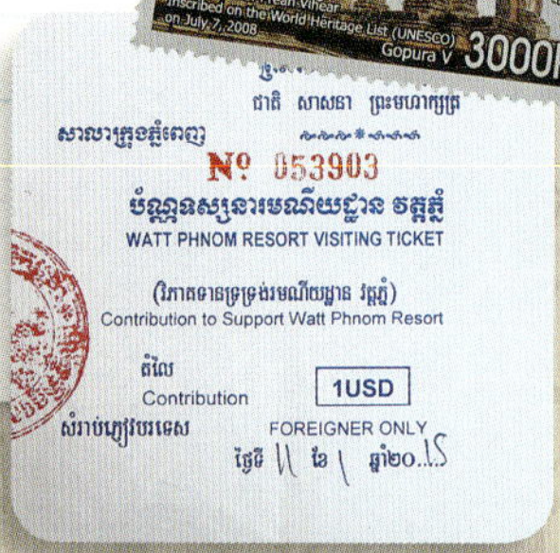
Nº 053903
WATT PHNOM RESORT VISITING TICKET
Contribution to Support Watt Phnom Resort
Contribution 1USD
FOREIGNER ONLY

Mönche nehmen sich eine kleine Auszeit im Royal Palace Park.

Zwei hübsche Mädchen möchten uns gern Schmuck verkaufen.

Schlangenspieße muss man mögen, ich konnte mich nicht dazu durchringen, einen zu probieren.

Eines der vielen heillos überladenen Motorräder. Ob Hühner, Bananen, Schirme oder Schuhe, hier wird viel mit dem Zweirad transportiert.

In der Hauptstadt des Königreichs geht es recht beschaulich zu. Wenn man die bekannten Attraktionen wie Königspalast, Silberpagode und Zentralmarkt sowie das Nationalmuseum, das eine großartige Sammlung von Khmer-Kunst beherbergt, gesehen hat, sollte man sich noch Zeit für weitere Highlights wie den Russenmarkt und die Riverfront mit ihren Bars und Restaurants nehmen; außerdem gibt es noch ein paar interessante Klöster und mehrere kleinere Märkte im Zentrum. Gern sitzen wir abends am Tonle Sap, der bald hinter Phnom Penh in den Mekong fließt, und genießen die Aussicht auf das vielfältige Treiben. Heillos überladene Mopeds und Tuk-Tuks fahren vorbei, und direkt an der Uferpromenade gibt es Tai-Chi für jedermann…

VNK
THAILAND

Durch bunte Dörfer auf Stelzen fahren Händlerinnen mit ihren farbigen Booten auf dem Tonle Sap und bieten ihre Waren an.

Angkor Wat: Geheimtipps, die keine sind!

Angkor Wat ist Traumziel und UNESCO-Welterbestätte. Das unbestrittene Highlight Kambodschas steht nicht umsonst auf der Sehnsuchtsliste vieler Weltenbummler ganz weit oben. Tagsüber verlieren sich die Menschenmassen auf dem weitläufigen Gelände.

Wir verbringen die Nacht verbotenerweise am Ufer eines Sees mit pinken Lotusblüten auf dem Angkor-Wat-Gelände und können zu Fuß zu den Tempelanlagen gehen. Aber schon um fünf Uhr morgens tummeln sich vor einem der meistfotografierten Motive Südostasiens Hunderte von Besuchern und warten auf den Sonnenaufgang. Ähnliches spielt sich abends zum Sonnenuntergang ab, das Mystische bleibt zu diesen Zeiten absolut auf der Strecke! Und wieder einmal war der »Geheimtipp« im Reiseführer gar nicht so geheim!

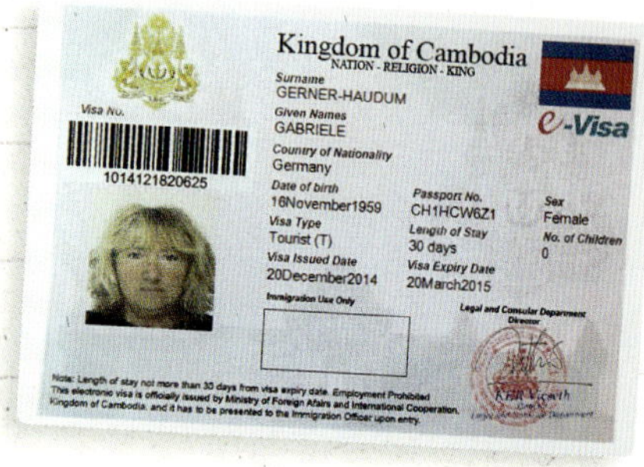

Tango korrupti

SAGENHAFT DREISTE POLIZISTEN

Nach einem paradiesischen Strandaufenthalt in Sihanoukville machen wir uns auf in Richtung Phnom Penh, um unsere Visa für Indien abzuholen. Am Ortsende von Sihanoukville pfeift plötzlich ein Polizist mit der Trillerpfeife, ein zweiter brüllt irgendetwas auf Khmer. Wir halten an, bleiben aber im Auto sitzen und warten. Pfeifen und Brüllen akzeptieren wir nicht! Relativ zügig kommt einer der Polizisten zum Bock und sagt, dass wir sofort aussteigen und zum Chef gehen müssen. Das machen wir auch, allerdings in Zeitlupe.

Der Chef sitzt lässig zurückgelehnt hinter einem Gartentisch am Straßenrand. Ein selbstgefälliger Typ. Er will unseren deutschen und unseren internationalen Führerschein sowie den internationalen Fahrzeugschein sehen. Wir holen die gewünschten Unterlagen aus unserer Dokumentenmappe und legen sie ihm hin. Er überfliegt die Papiere, aber ich habe den Eindruck, dass er sie sich gar nicht richtig anschaut. Und jetzt kommt's.

Der Chef: »Yesterday I was in Phnom Penh, speaking with your embassy, and I told them that from now on every tourist must have a Cambodian driver's license. If you don't have it you go to jail for three years!« Pause. »Or you pay 80 Dollars.«

Hallo? Ich, natürlich verärgert über den dreisten Typen: »Ich habe auch gestern bei der Botschaft angerufen und gefragt, ob irgendwelche Änderungen anliegen, die Antwort war eindeutig nein! Und wo soll es diesen seltsamen Führerschein denn geben?«

Der Chef: »In Phnom Penh.«

Ich: »Ich rufe jetzt gleich bei der Botschaft an, dann können wir das sofort klären.« Der Chef: »No embassy, I was there yesterday and told them that they have to inform all tourists.«

Ich: »Und wie hätten die uns das von gestern auf heute mitteilen sollen?«

Der Chef: »I don't know, but you have to go to jail for two months.« Pause. »Or pay 50 Dollars.«

Ich, mittlerweile auf hundertachtzig: »No, we won't pay anything, we prefer to go to jail. Please take us to a police station and then to jail. But first I'm going to call our embassy!«

Ich schalte den Fotoapparat an und baue mich vor den Polizisten auf, die gleich ganz aufgeregt schreien: »No photo!«

Ich: »Our ambassador told us that we have to take pictures of all policemen who want money from us or want to take us to jail. Please let me take a picture, I'll send it via MMS to Phnom Penh now!«

»No photo!!!« Totale Ratlosigkeit bei den drei Polizisten. Warum zahlen diese Touris nicht; kann doch nicht sein,

Rechts: [1] Haus auf Stelzen im Tonle Sap [2] Fünf Personen auf einem Moped sind in Kambodscha keine Seltenheit. [3] Auf dem Weg zu den korrupten Polizisten [4] Hier am Straßenrand haben sich die Wegelagerer aufgebaut. [5] Unterwegs in Kambodscha: nicht immer schön, aber fast immer interessant!

1

4

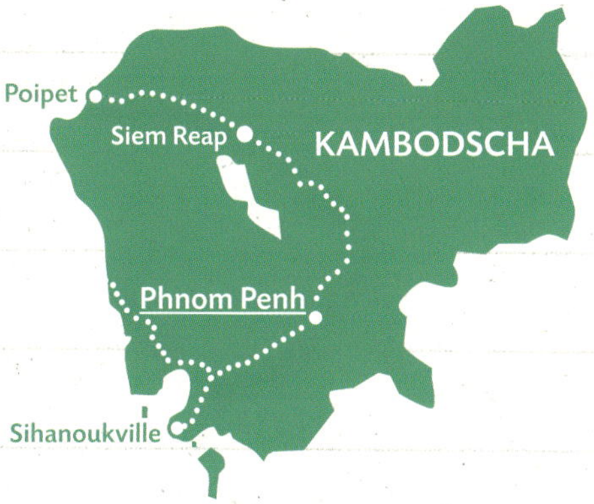

2

3

5

6

dass die lieber ins Gefängnis wandern als 50 Dollar zu berappen? Wir bestehen so lange darauf, zur Polizeistation gebracht zu werden, bis endlich einer vorausfährt.

Laut dem 2016 von Transparency International veröffentlichten »Corruption Perception Index« liegt Kambodscha ziemlich abgeschlagen auf Platz 156 von insgesamt 176 aufgeführten Ländern. Es gibt übrigens kein Land auf der Welt, das auf der zugrunde liegenden Skala von 0 (sehr korrupt) bis 100 (sehr sauber) den höchsten Wert erreicht. Selbst das an Nummer eins aufgeführte Dänemark hat nur 90 Punkte, Deutschland liegt auf Platz 10 mit 81 Punkten. Den letzten Platz auf der Liste nimmt Somalia ein. Sechs der zehn korruptesten Länder gehören gleichzeitig zu den zehn am wenigsten friedlichen Orten der Welt.

In der Polizeidirektion von Sihanoukville angekommen frage ich mich allmählich, wohin das alles führen soll. Nach ein paar weiteren ungenierten Versuchen der Polizisten, Geld von uns zu erpressen, wird es mir zu bunt und ich rufe bei der deutschen Botschaft in Phnom Penh an. Eine äußerst freundliche Mitarbeiterin erklärt, dass es selbstverständlich keine Abmachung dergleichen gibt und dass diese Art von Erpressung üblich sei. Die Polizisten geben immer noch nicht nach, aber nach einem weiteren Telefonat mit der Botschaft ist mit unserem Führerschein urplötzlich alles in Ordnung! Wir werden in das Zimmer des Polizeichefs von Sihanoukville gebracht und erwarten eigentlich eine Entschuldigung. Aber selbst dieser hochrangige Beamte startet einen letzten Versuch, uns zur Zahlung einer »kleineren Summe, deren Höhe wir selbst bestimmen dürfen«

zu überreden. Mein abschließendes »Nix, nothing, nada, niente!« veranlasst ihn dann aber nach fast zwei Stunden doch dazu, uns gehen zu lassen.

Wir hätten hier auf dem Revier auch mehrere Tage verbracht, allein schon aus Prinzip. Ich wäre irgendwann einfach in den Bock gegangen und hätte angefangen, zu kochen. Und sicherer als auf dem Hof der Polizei kann man ja normalerweise nirgends übernachten. In Kambodscha sollte aber die heimische Botschaft Bescheid wissen, dass man sich dort aufhält. Ansonsten geht es für drei Jahre ins Gefängnis ... oder man bezahlt doch 80 Dollar!

Oben: Auf den oft sehr staubigen Straßen Kambodschas

Links: Der Bock am Strand von Sihanoukville. Man steht hier sehr schön und es sind nur wenige Schritte zum Meer.

EIN LAND ÖFFNET SICH RASANT: MYANMAR IM WANDEL DER ZEIT

Die 1991 mit dem Friedensnobelpreis ausgezeichnete Aung San Suu Kyi wurde 2016 Regierungschefin und Außenministerin von Myanmar. Bis heute ist ihre Macht begrenzt, das Militär hat nach wie vor den größten Einfluss. Auf Bildern von ihr, die in ganz Myanmar gern aufgehängt werden, sieht man sie oft zusammen mit ihrem Vater, einem birmanischen Nationalhelden.

Die Friedensnobelpreisträgerin hat auch nach 15 Jahren Hausarrest ihr Lächeln nicht verloren.

Willkommen in Myanmar

Der Bock an der thailändisch-burmesischen Grenze Mae Sot/Myawaddy

Es geht voran, das Grenzgebäude rückt näher.

»An der Grenze erwarten uns vier Zwangsbegleiter.«

Unsere Zwangsbegleiter von der Agentur erwarten uns direkt hinter der Grenze ganz freundlich mit einem Plakat!

MANDALAY HILL
Pay for Camera, Video, iPad & Mobile Phone Camera
No.
Date. 0332
1000 ks

Wie schon so oft werden auch hier wieder zahllose Fotos von uns und unserem Boch gemacht.

Leider dürfen wir Myanmar nicht alleine bereisen, sondern müssen die Durchquerung über eine Agentur buchen. Da es insgesamt vier Begleiter und deren Fahrzeug zu bezahlen gilt, haben wir uns wie schon in China mit anderen Reisenden zusammengetan, um die Gesamtkosten von ca. 10 000 Dollar für die 13-tägige Reise zu reduzieren.

Am Grenzposten erwarten uns schon unsere vier »Bewacher«: Aung, unser offizieller Führer, sein Helfer, der auch als Kassierer fungiert, der Fahrer und unser eigentlicher Aufpasser, ein Beamter des schwerfälligen hiesigen Regierungsapparats. Aung spricht ausgezeichnet Englisch und ist uns allen von Anfang an sehr sympathisch!

Yangon: die Shwedagon-Pagode

Eine der bekanntesten Stupas der Welt und gleichzeitig das Wahrzeichen von Myanmar ist die Shwedagon-Pagode in Yangon. Bei der Anreise ist die auf einem Hügel erbaute, golden leuchtende Stupa bereits von Weitem zu sehen. Am besten besucht man dieses buddhistische Bauwerk der Extraklasse einmal morgens und einmal abends. Von Süden kommend kann man links und rechts vom steilen Zugang bereits viel buddhistisches Equipment kaufen, das Farbspektrum reicht von hellem Rosa über Orange bis Rot. Nonnen tragen hier hellrosa Kleidung, kombiniert mit Rostrot und Orange, für Mönche ist eine dunkelrote Robe vorgesehen. Blattgold und Blumen kann man als Opfergaben kaufen, und aus den vielen kleinen Läden duftet es angenehm nach Räucherstäbchen.

Oben: Zwei buddhistische Nonnen in ihren typischen farbigen Kutten unterwegs zum Tempel

Rechts oben: Die Kuppel der Shwedagon-Pagode ist am Abend herrlich beleuchtet und strahlt in der Dunkelheit wunderschön auf halb Rangun.

Rechts unten: Konzentriert zündet ein Mädchen an einer Opferstelle in der Shwedagon-Pagode eine Kerze an.

Hunderte von sitzenden Buddhastatuen gibt es im Park der tausend Bodhi-Bäume in Monywa zu bestaunen. Der Bodhi-Baum, auch Buddhabaum genannt, ist eine Pappelfeige. Siddharta Gautama, der als Buddha lehrte, soll darunter die Erleuchtung erlangt haben.

Bloß nicht verpassen: Lake Inle

Von dem Städtchen Nyaung Shwe brechen wir morgens in Begleitung von Aung auf zum Lake Inle, einem der schönsten Ziele Myanmars. Am Kanal, der zum See führt, waschen die Anwohner schon eifrig Wäsche und die Kinder nehmen ein Morgenbad. Am idyllischen See entdecken wir gleich die ersten Einbeinruderer, die dank dieser Technik beide Hände frei haben, z. B. zum Halten der großen kegelförmigen Reusen. Vorbei an schwimmenden Dörfern kommen wir zu einem interessanten Markt, der von zahlreichen einheimischen Frauen in Tracht besucht wird und von dem aus ich die auf einem Hügel gelegene Shwe-Inn-Thein-Pagode besuche. Auf dem Rückweg nach Nyaung Shwe bewundern wir die »Schwimmenden Gärten«, in denen mitten auf dem See Gemüse wie Gurken und Tomaten angebaut wird.

Oben: Ein Einbeinruderer am Lake Inle erledigt Arbeiten an den schwimmenden Gemüsefeldern im See.

Rechts oben: Pfahlbau am Lake Inle

Rechts unten: Frau in Tracht auf dem Markt

Phone Service

Traditionelle Novizen-Initiationszeremonie

Oben: Die Jungs dürfen auf den Pferden reiten, begleitet und geführt werden sie von ihren nächsten Verwandten.

Links oben: Prachtvoll gekleidet und geschminkt reiten die jungen Novizen in Richtung Kloster.

Links unten: Aufwendig und farbenfroh werden die Ochsen für ihre Gespanne geschmückt.

Ein prachtvoller Festzug bringt den Verkehr zum Stillstand. In prächtigen Farben gekleidete Frauen mit bunten Schirmen kommen uns entgegen, sie tragen Blumensträuße, oder große Kissen, die den Novizen ins Kloster mitgegeben werden. Dazwischen reiten immer wieder burmesische Jungs vorbei, die in kostbare Gewänder gehüllt und unglaublich stark geschminkt sind. Mithilfe von tonnenweise Make-up, Lippenstift und jeder Menge Wimperntusche sehen ihre Gesichter aus wie die von Puppen. Bei dem Fest werden die jungen Novizen von ihren Familien und Freunden ins Kloster, in dem sie fortan ein paar Wochen oder auch länger bleiben, begleitet. Bis zum heutigen Tag wird fast jeder Junge in Myanmar Novize, wenn auch oft nur noch für kurze Zeit.

NAMASTE INDIEN! WO SIND DIE HIPPIES?

Es gibt in Indien noch Gegenden, in denen die »Nachfolger« der Hippies unterwegs sind. Besonders viele findet man in den Wintermonaten in Goa, über den Sommer ziehen sie sich nach Ladakh zurück und zu fast allen Jahreszeiten kann man sie in Rishikesh oder Dharamsala finden.

Hippie-Utensilien in allen Variationen kann man in Goa und Ladakh auf den farbenprächtigen Märkten erstehen.

Verkehr verkehrt! Sind hier nur lebensmüde Autofahrer unterwegs?

Kurz vor dem Verkehrskollaps? Endlose Staus erschweren das Vorwärtskommen auf den Straßen Mumbais.

Menschen, Autos, Rikschas, Motorräder und heilige Kühe teilen sich die Straßen Indiens.

»Auf Indiens Straßen herrscht eine Art Schwarmintelligenz: Alles fließt, allerdings nur, bis es kracht!«

Auffallend geschmückte und bunt bemalte LKWs zeigen, wie stolz die Fahrer auf ihre fahrbaren Arbeitsplätze sind.

Mitfahrer auf den Dächern von LKWs und Bussen gehören in Indien zum Straßenbild. Wie sie sich wohl bei einer Vollbremsung festhalten?

Andere Länder, andere Sitten! Klingt einfach – wenn man nicht gezwungen ist, mehrere Tausend Kilometer durch eines dieser »anderen Länder« zu fahren und dabei täglich an die Grenzen seines Verständnisses stößt. Nach knapp 20 Reisen durch Indien bin ich zu dem Schluss gekommen, dass hier beim Autofahren sehr wohl eine gewisse Logik greift, diese allerdings mit unserer Logik nichts zu tun hat. Bei uns schaut man, ob jemand kommt und lässt dem anderen je nach Rechtslage, die Vorfahrt. In Indien schaut man auch. Man schaut dem, der kommt, am besten in die Augen, um sich davon zu überzeugen, dass man selbst gesehen wurde. Der große Unterschied: Man hält nicht an, sondern geht davon aus, dass der andere reagiert!

নুপী হলি
শ্রী রাধা দমদর

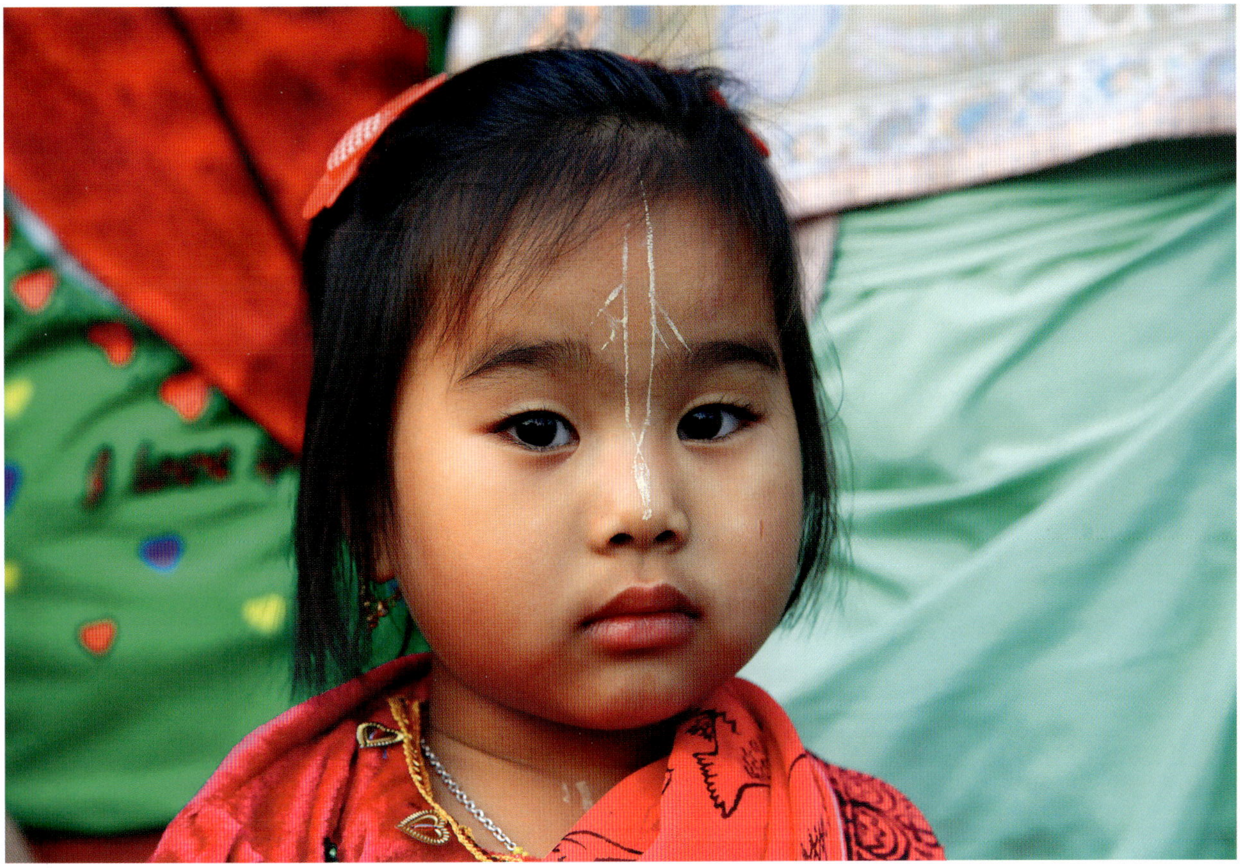

Oben: Extra für Holi geschminktes Mädchen Links oben: Die Tanzgruppen kommen in farbenprächtigen Gewändern. Links unten: Viele Inder schmieren mir Farbpulver ins Gesicht und wollen sich mit mir fotografieren lassen.

Holi in Imphal: der Premierminister von Manipur segnet mich

Beim Holi-Eröffnungsfest in Imphal bin ich endlich entsprechend »geweiht« worden. Seit den frühen Morgenstunden beobachten wir den Einzug der Tanz- und Musikgruppen in den Shree-Govindajee-Tempel. Ein Farbenspiel, das seinesgleichen sucht. Dazu tiefe, rhythmische Trommelklänge, quirlige Tänzer, die beim Tanzen gesegnet und mit Farbe bespritzt werden und wir mittendrin!

Nach etwa zwei Stunden tauchen Bewaffnete auf, die sich gründlich im Tempel umschauen. Bald darauf folgt die halbe Regierung von Manipur, unter anderem Governor K. K. Paul und Chief Minister Okram Ibobi Singh, und nimmt auf einer vorbereiteten Tribüne Platz, um das ganze Spektakel zu bewundern. Ich fotografiere und denke mir nichts weiter. Plötzlich winken zwei Herren von der Regierungsbank in meine Richtung. Ich schaue mich suchend um und merke, dass mich auf einmal alle anschauen und da ich offenbar immer noch nicht glauben kann, dass tatsächlich ich gemeint bin, schieben mich die Menschen einfach in Richtung Tribüne! Was wird das denn jetzt? Vorne stehen Gouverneur und Minister auf, nehmen eine Schale mit pinkfarbenem Pulver und streichen mir dieses auf Stirn und Wangen. Wohlwollend schauen ihre Bodyguards und die restliche Regierung zu. Ich bedanke mich und will schnell wieder zurück an meinen Platz, das alles hat mich jetzt sehr überrascht! Aber das war scheinbar noch nicht alles; erneut winkt man mich heran und gibt mir zu verstehen, dass ich die Stirn der beiden Politiker einfärben soll. Was für eine Ehre! Nachdem ich sowohl Governor als auch Chief Minister rosa eingefärbt habe, kann ich mich unter freundlichen Blicken endlich zurückziehen.

Körperpflege bei den Elefanten: Einpudern mit Staub, Sand und Erdreich

Durch Assam und Westbengalen ins buddhistische Sikkim

Gangtok, die Hauptstadt von Sikkim, ist an steile Hänge gebaut; Platz ist hier Mangelware.

Indien ist in der Produktion von Kinofilmen Weltmarktführer. In der extrem erfolgreichen Traumfabrik Mumbai sind die Superstars und ihr Geld zuhause.

Aus dem Bus, der neben uns zum Stehen kommt, lächelt freundlich ein holy man herüber.

Bollywood-Filmplakate in Mumbai

Wir kommen aus dem überwiegend von Christen bewohnten Nagaland nach Assam, wo wir endlich auf farbenfrohe Hindutempel und bunt gekleidete Frauen in Saris treffen. Der Verkehr ist mörderisch und es ist sehr schwer, abends einen geeigneten Platz zum Übernachten zu finden, ohne gleich von den Einheimischen belagert zu werden. In Guwahati gönnen wir uns dann ein Fünf-Sterne-Hotel, eine wahre Insel der Ruhe! Durch große Teeanbaugebiete fahren wir in Richtung Westbengalen, einem der ärmsten Bundesstaaten Indiens. Die herrliche Landschaft, die schönen Ausblicke auf die schneebedeckten Berge und die friedliche buddhistische Bevölkerung gefallen uns an Sikkim besonders gut.

NEPAL: BITTE EINMAL ZUR FREAKSTREET NACH KATHMANDU

Kathmandu war früher eine Endstation des Hippie Trails. Speziell in der Freakstreet und deren Umgebung haben sich die Hippies in günstigen Unterkünften niedergelassen, Drogen gekauft und sich eingekleidet. Bis heute weht ein leichter Duft von Love & Peace durch die engen Gassen.

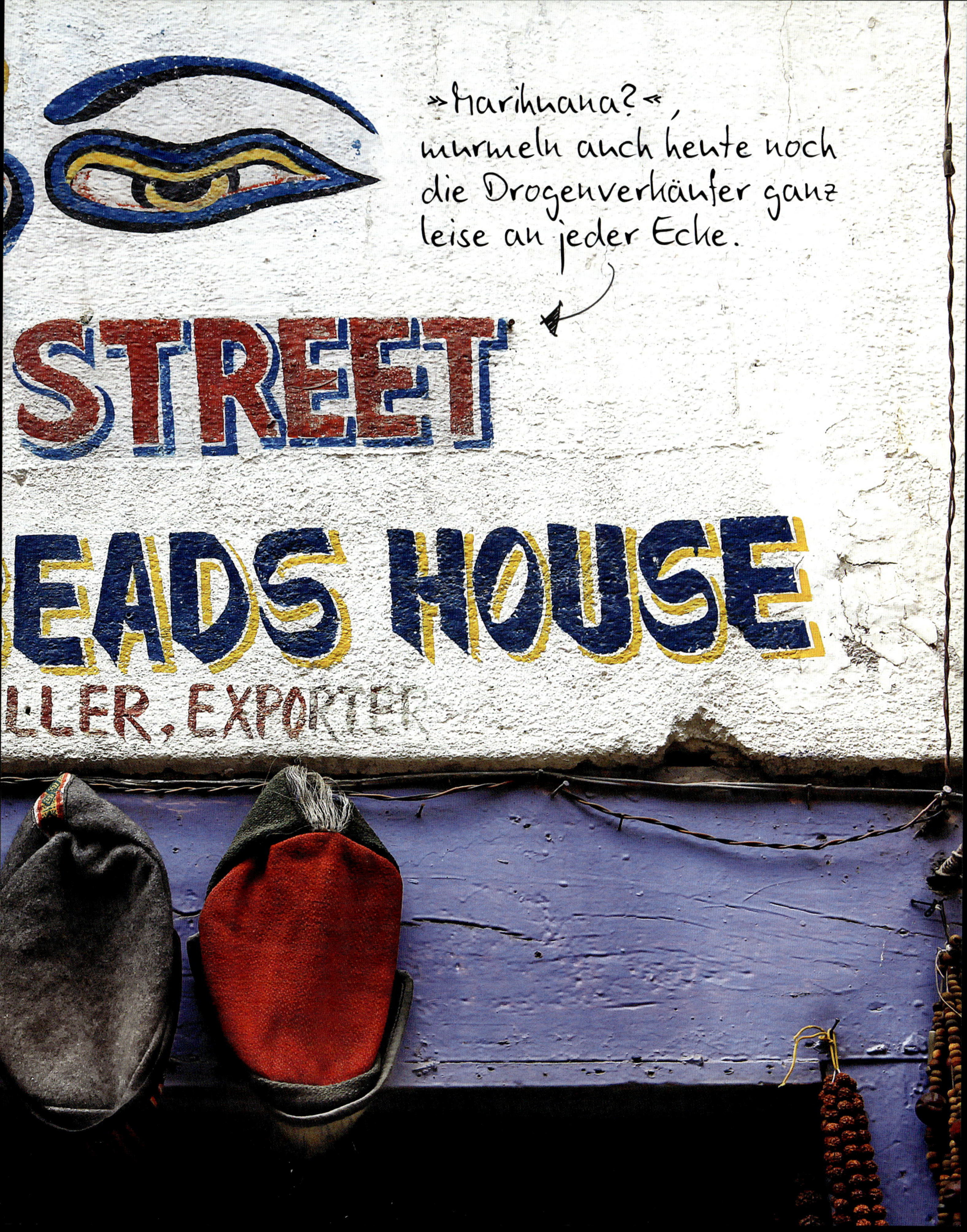

»Marihuana?«, murmeln auch heute noch die Drogenverkäufer ganz leise an jeder Ecke.

»Come out, I will speak with you!«

OVERLANDER-CAMPING
PAME BAZAR, POKHARA

Bill No.: 034
Name: Handum-Gerber Christian + Gabi
Date: 16.4.15
Nationality: German
Vehicle No.: M-TK 214 H

Date	Particulars	Day Qty.	Rate	Amount
2.4. to 16.4.	2 persons + 1 vehicle	14	300.	4200.–

In Words:

Total	4200.–
Advannce	
Balance	

Signature

4200 : 112 = 37,62 €

Große Versammlung am Boch: Viele nette Nepalesen sind neugierig geworden und besuchen uns.

»Die beste Bildung findet ein gescheiter Mensch auf Reisen.« Johann Wolfgang von Goethe

Eine ältere Nepalesin erzählt uns ihre Geschichte und möchte dann natürlich auch abgelichtet werden.

In Nepal versammelt sich meistens das halbe Dorf, wenn wir irgendwo einen Nachtplatz gefunden haben. Auf Dauer ist das ganz schön anstrengend!

Der Knirps mit seinem Schwesterchen auf dem Rücken klopft unverfroren an die Tür des Bocks, um sich mit uns zu unterhalten.

Auf Stellplatzsuche irgendwo in Nepal erfahren wir von den Einwohnern eines nahen Dorfes, dass hier kürzlich jemand von einem Tiger gefressen wurde. Eine Familie lädt uns ein, die Nacht auf ihrem Bauernhof zu verbringen und so stehen wir bald auf einer Wiese zwischen Wasserbüffeln! Die Bewohner sind anfangs zurückhaltend, bald aber hören wir: »Come out, I will speak with you and come in!« Ein kleiner Junge, vermutlich der Einzige, der ein paar Worte Englisch spricht, steht aufgeregt vor der Tür und plappert munter drauflos. Grund seiner forschen Attacke ist natürlich, dass er den Bock von innen sehen will! Und plötzlich stehen etwa 50 Leute vor unserem Gefährt und eines ist klar: »I will come in!«

Einweihungsfest am Tempel: Die Frauen bringen Opfergaben

In einer Ortschaft irgendwo mitten in Nepal müssen wir anhalten, die Straße ist gesperrt. Frauen in leuchtend bunten Saris kommen die Straße entlang. Auf dem Kopf trägt jede ein Tongefäß gefüllt mit Opfergaben für den Hindutempel, der hier heute eingeweiht wird. Der *holy man*, der auf einem prachtvoll mit Blumengirlanden geschmückten Wagen zur Zeremonie gefahren wird, bläst in eine riesengroße Muschel und jede Menge Rauch steigt auf. Unter einem tosenden Trommelwirbel geht der heilige Mann dann direkt in Richtung Tempeleingang und wird von den ranghohen Dorfmitgliedern und der Presse umringt. Im Anschluss kommen die Frauen und legen ihre Opfergaben direkt im Tempel ab. Wir dürfen freundlicherweise weit vorne stehen und alles genau beobachten.

Oben: Viele Frauen kommen auch aus entfernteren Ortschaften mit den Opfergaben für den Tempel auf dem Kopf.

Rechts oben: Der heilige Mann sitzt gemütlich auf dem geschmückten Festwagen und lässt sich so direkt zum Tempel bringen.

Rechts unten: Eine hübsch geschminkte Nepalesin richtet sich das Kopfstück ihres Saris.

Pashupati Paints

Pashupathinat: Sadhus, die heiligen Männer im Hinduismus, führen ein asketisches Dasein und leben von Almosen. Frauen, die sich auf dieses spirituelle Leben einlassen, werden Sadhvis genannt.

Oben: Ein Rikschafahrer in Kathmandu vertreibt sich die Zeit mit dem Handy.

Links: Gebetsfahnen an der Stupa von Bodnath, nordöstlich von Kathmandu

Nepal: UNESCO-Weltkulturerbe und die große Zerstörung

Nepal ist für mich eines der ursprünglichsten Länder, die ich bisher bereist habe. Das Dach der Welt mit den höchsten Bergen im Norden des Landes, herrliche Natur mit vielen Tieren, zum Beispiel im Chitwan-Nationalpark, und viele kulturelle Highlights im Kathmandutal bieten für jeden etwas.

Die letzten Tage vor einem geplanten Rückflug nach München für einen kurzen Zwischenaufenthalt in der Heimat sind für mich aber die schlimmste Zeit der gesamten Reise. Am 25. April 2015 bebt die Erde in Nepal. Ein Erdbeben der Stärke 7,8 hat fast 9000 Tote zur Folge. Das Epizentrum liegt etwa 80 Kilometer von Kathmandu entfernt. Wir erleben das furchtbare Erdbeben in der besonders betroffenen Stadt Bhaktapur. Gefangen zwischen bereits komplett eingestürzten Gebäuden können wir Bhaktapur nicht mehr verlassen und hören die ganze Nacht, wie weitere Häuser in nächster Umgebung zusammenbrechen. Die Erinnerung an eine Nacht in Todesangst mit vielen Nachbeben, eingesperrt mit Toten und Verletzten und hygienische Zustände, die man sich nicht vorstellen kann, hat sich eingebrannt.

Am nächsten Morgen verlassen wir mit Militärbegleitung Bhaktapur über eingestürzte Häuser hinweg. Zumindest unser LKW ist unversehrt geblieben. Aber bereits nach etwa fünf Minuten schreit Christian, dass ich sofort aus dem LKW kommen soll, das nächste starke Beben mit der Stärke 6,5 ist da! Zwei Tage danach fliegen wir zurück nach München. Das letzte Beben ereignet sich in der vollkommen überfüllten Abflughalle, die Notausgänge sind mit Ketten versperrt! Ich habe keine Nerven mehr und bin am Boden zerstört. Als das Flugzeug abhebt, klatschen alle Menschen vor Erleichterung.

ZURÜCK IN INDIEN: DIESMAL GEHT ES HOCH HINAUS!

Der Pavillon ist ein »Überbleibsel« des indischen Kinokassenschlagers »3 Idiots«.

Lake Pangong in Ladakh war einer der Drehorte von *3 Idiots*, dem erfolgreichsten indischen Film aller Zeiten. Im Anschluss ist der 4238 Meter hoch gelegene Salzsee beispiellos populär geworden und wird seitdem gern von Indern besucht.

1

2

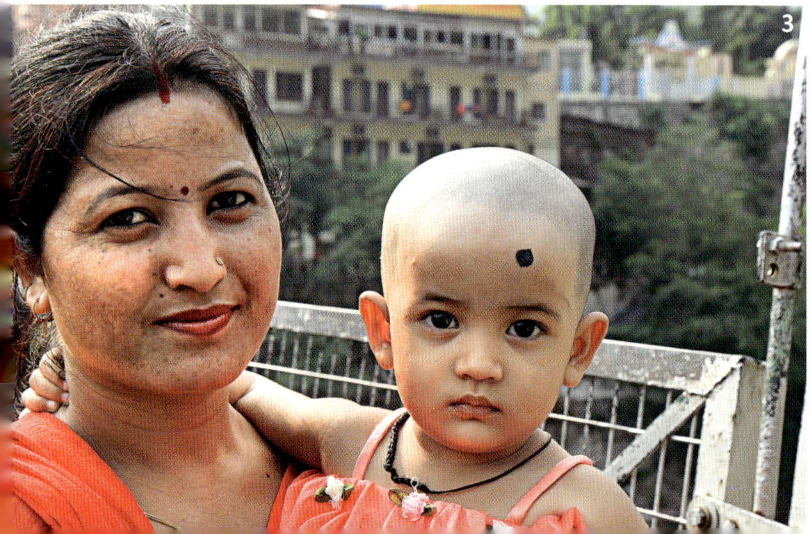

3

4

5

6

7

Rishikesh: Ashram, Beatles, Yoga

Oben: Eine bunte Wandmalerei in Rishikesh

Links: [1] Spirituelles Equipment wie diese Klangschalen werden gern bei Meditationen eingesetzt. [2] Batikstoffe in allen Farben und Größen kann man gut in den zahlreichen Shops kaufen. [3] Eine junge Hindufrau ist mit ihrem kleinen Mädchen unterwegs zum Ashram. [4] Kunstvolle Hand- oder auch Körperbemalungen mit Henna haben neben kosmetischen manchmal auch rituelle Gründe. [5] Parmarth Niketan, der größte Ashram in Rishikesh [6] Es gibt hier viele Yoga-Retreats. Manche machen durch ungewöhnliche Werbung auf sich aufmerksam. [7] Der Hindutempel Tera Manzil Shiva in Rishikesh

Die am heiligen Fluss Ganges liegende Stadt Rishikesh ist bis heute die Yoga-Hauptstadt der Welt. Viele Hindus, die hierherpilgern, nehmen ein Bad im Ganges. Der größte Ashram hier heißt Parmarth Niketan, den man über eine Fußgänger-Hängebrücke erreicht. An diesem sehr spirituellen Ort werden Yoga- und Meditationskurse, Akupressur, Reiki und diverse Entspannungstechniken angeboten. In den historischen Ashrams meditierten in den 1960er-Jahren schon die Beatles und andere Showgrößen mit ihrem Guru Maharishi Mahesh Yogi, dem Begründer der transzendentalen Meditation. Rishikesh hat damals auch jede Menge Hippies angelockt, ein Hauch der Flower-Power-Ära ist bis heute hier spürbar. Der Duft von Räucherstäbchen zieht durch die Gassen, Shops mit bunter Kleidung und hübschen Taschen im Hippiestil, Tüchern und Schmuck findet man an jeder Ecke.

Manali-Leh Highway

EINE DER GEFÄHRLICHSTEN PASS-STRASSEN DER WELT

Bereits bei meinem letzten Besuch in Ladakh, was so viel wie »Land der hohen Pässe« bedeutet, habe ich mir fest vorgenommen, noch mal mit dem eigenen Fahrzeug hierher zurückzukommen. Ein längerer Aufenthalt in einem buddhistischen Kloster irgendwo im Himalaja, kombiniert mit dem Besuch bei einem tibetischen Mediziner, der mir auf wundersame Weise auch noch unglaublich geholfen hat, hat mich damals tief beeindruckt. Dieses ehemalige Königreich in den Bergen hat es mir angetan; atemberaubende Landschaften, klare Luft, die freundliche buddhistische Bevölkerung, beeindruckende Klöster, die höchsten befahrbaren Pässe der Welt und fantastische Seen in Lagen, in denen die Luft richtig dünn wird.

Unser Ziel ist Leh, die Hauptstadt von Ladakh. Wir starten in Manali und wissen nicht, wie lange wir nach Leh brauchen. An und für sich wären die 470 Kilometer in zwei bis drei Tagen zu schaffen. Da es sich aber um eine der gefährlichsten Straßen der Welt handelt, brauchen wir vermutlich eine Woche oder auch länger. Im engen Manali machen wir Halt, um die vorgeschriebene Genehmigung für unser Fahrzeug zu besorgen. Ein neueres Gesetz besagt, dass Fahrzeuge, die den Manali-Leh Highway befahren wollen, nicht älter als zehn Jahre sein dürfen. Im Normalfall hätten wir da jetzt ein ganz großes Problem, aber nicht so in Indien. Dort »kaschieren« wir das Geburtsdatum des Bocks ganz leicht und verjüngen ihn so um etwa 20 Jahre. Ein uns sehr wohlgesonnener Mönch begleitet uns und hilft uns so lange, bis wir das nötige Schreiben in den Händen halten. Zwei Tage später dürfen wir losfahren. Ladakh kann man nur in den Sommermonaten mit dem Auto erreichen, in den Wintermonaten ist wegen Schnee, Eis und frostigen Temperaturen kein Durchkommen, viele Gebiete in Ladakh sind dann monatelang komplett von der Außenwelt abgeschnitten. Letzte Checks am LKW, fehlende Kleinigkeiten in den Geschäften von Manali besorgt, aus der Apotheke noch Riechsalz, Aspirin und zwei Sauerstoffampullen geholt und dann geht es am nächsten Morgen sehr zeitig los in Richtung Rothang La, dem mit 3975 Metern ersten richtigen Hochgebirgspass, den wir zu bewältigen haben. Es gibt von Manali aus nur eine einzige Verbindungsstraße nach Ladakh, wobei »Straße« gemeinhin übertrieben ist, »Weg« trifft es wesentlich besser! Bunt bemalte indische LKWs und Tanklaster kommen uns entgegen. Auf dieser Strecke beziehungsweise aus der Gegenrichtung von Kaschmir kommend werden sämtliche Versorgungsgüter nach Ladakh gebracht. Die ganzen Lastwagen, die voll beladen bergauf fahren, können wir mangels PS leider fast nie überholen.

Wir fahren an Hindutempeln vorbei, gleich um die Ecke wehen jede Menge buddhistische Gebetsfahnen und das alles vor blauem Himmel, eine Augenweide! Direkt auf dem Rothang La machen wir dann zwischen hohen Schneewänden eine kurze Pause; viele Inder leihen sich hier Winterkleidung und tollen im Schnee herum, ein Riesenspaß!

Jenseits des Rothang La beginnt das Gebiet des buddhistisch geprägten Ladakh. Hinter dem Pass fahren wir auf

[1] Manchmal möchte man gar nicht wissen, wohin der Weg führt. [2] Große Ziegenherden sind mit ihren Hirten in einsamer Gegend ganz weit oben unterwegs. [3] Manchmal gibt es kleine Raststätten, an denen man Proviant kaufen kann. Im Tempel daneben schickt man dann auch gleich die passenden Gebete gen Himmel. [4] Direkt auf dem Rothang La ist es kalt und es gibt auch jede Menge Schnee. [5] Der Bock, eingerahmt von buddhistischen Gebetsfahnen [6] Über ausladende Serpentinen windet die Straße sich in ungeahnte Höhen.

1

2

3

4

5

6

3100 Meter bergab, um uns zu akklimatisieren. Der nächtliche Himmel ist einfach grandios, die Luft ist klar und eiskalt und eine Million Sterne leuchten. Zwei Tage später machen wir uns auf in Richtung nächster Herausforderung, dem Baralacha La. Auf dem Weg dorthin geht es über Tandi und Keylong zum idyllisch gelegenen Jispa Camp auf etwa 3200 Meter Höhe. Nicht zum ersten Mal müssen an der Einfahrt Stromkabel hochgehoben werden, damit der Bock durchpasst. Hier verlängern wir um einen Tag, denn unweit des Camps gab es einen schweren Erdrutsch, der unsere Weiterfahrt verhindert.

Wir arbeiten uns hinauf, immer eine Handbreit vom Abgrund entfernt. Der 4980 Meter hoch gelegene Baralacha La wartet. Ungeduldige Mahindra-Fahrer und mehrere Gruppen auf Enfield-Motorrädern überholen uns an allen möglichen und unmöglichen Stellen. Über Hunderte von Kilometern hoffe ich immer wieder, dass wir bei der nächsten brenzligen Situation an der Bergseite fahren dürfen und nicht direkt an der Abbruchkante dem Tod in die Augen schauen müssen. Oben angekommen ist die Luft dünn, sehr dünn! Ich habe das Riechsalz vorsichtshalber schon mehrmals benutzt, eine Aspirintablette gehört momentan sowieso fest zu meinem Frühstück, ich möchte kein Risiko eingehen. Und dann bloß keine schnellen Bewegungen, ganz langsam, auch wenn die Fotomotive noch so einladend sind! Die Berglandschaft hier ist einzigartig.

Die Strecke nach Leh ist steinig und größtenteils schlecht, zwischendrin auch mal sehr schlecht ausgebaut. Ausbesserungsarbeiten werden von Arbeitern aus den allerärmsten Gebieten Indiens, z. B. aus dem 1200 Kilome-

ter entfernten Bihar, erledigt. Schlecht gegen das kalte und stürmische Wetter geschützt, chronisch unterbezahlt und mit miesem Werkzeug ausgestattet, bearbeiten Männer und Frauen hier von morgens bis abends Steine. Da müssen die armen Leute zuvor riesige Distanzen überwinden, nur um am Ziel angelangt zu Konditionen zu arbeiten, die absolut menschenunwürdig sind.

Irgendwann mehren sich allmählich die Stupas, neben der Fahrbahn werden bunte Gebetsmühlen gedreht, Mönche in roten Gewändern kreuzen die Straße, endlich sind wir unverkennbar im buddhistischen Ladakh! Malerisch und wie für die Ewigkeit liegen die Gompas genannten Klöster auf den Bergen ringsum. Und wie damals denke ich mir: »Wow, ist das schön!«

Oben: Grandiose Aussichten begleiten uns durch Ladakh. Nur manchmal ist man so sehr mit der Straße beschäftigt, dass kaum Zeit für einen Blick in die Landschaft bleibt.

Links: Nachdem wir vor diesem Erdrutsch etwa zwei Stunden gewartet haben, bis die Aufräumarbeiten beendet waren, »dürfen« wir nun als Erste passieren. Ein zweifelhaftes Vergnügen!

Über Pässe ins Nubra Valley und zum Lake Pangong

In Leh haben wir die Genehmigung für das Nubra Valley besorgt und uns mit allem eingedeckt, was wir für die nächsten acht Tage benötigen, darunter Sauerstoff in Dosen, eine Ration Aspirin und Riechsalz, das man in jedem Geschäft bekommt. Alles Weitere wird sich finden.

Wir wollen weit hinauf und den höchsten befahrbaren Pass der Welt, den 5602 Meter hohen Khardung La, überqueren. Auf dem schneebedeckten Pass wehen Hunderte von bunten Gebetsfahnen und tragen mit dem kalten Wind die Gebete und Wünsche der Gläubigen in den Himmel. Wieder steige ich in Zeitlupe aus dem Bock und mache mich mit dem Fotoapparat schussbereit auf zum Schild mit der Aufschrift »Highest Motorable Road in the World«. Dort herrscht dichtes Gedränge, vor allem Motorradfahrer mit ihren Royal-Enfields lichten sich vor der Tafel gern gegenseitig ab.

Hinter dem Pass geht es bergab, fantastische Landschaften erwarten uns auch im nächsten Hochgebirgstal auf etwa 3000 Metern Höhe. Wir übernachten auf einer Kamelfarm, die Tiere sind zutraulich und lassen uns nahe heran. Am nächsten Tag besuchen wir das Diskit-Kloster und übernachten bei der gegenüberliegenden Maitreya-Buddhastatue. Von dort haben wir einen grandiosen Blick über die karge Wüstenlandschaft und das weitläufige Nubra Valley. Leider darf man hier oben nur eine Woche verbringen und so müssen wir zurück nach Leh, um uns die nächste Genehmigung für den Lake Pangong zu besorgen. Zum See überqueren wir den dritthöchsten befahrbaren Pass der Welt, den 5290 Meter hohen Chang La. Die Fahrt ist atemberaubend und die Gebirgslandschaft großartig. Die Atmosphäre an dem auf 4238 Metern gelegenen Salzsee ist fast magisch, faszinierend spiegeln sich die schneebedeckten Berge im Wasser. Der einsame, unglaublich ruhige Übernachtungsplatz am See gehört zu den schönsten auf unserer gesamten Reise.

1

2

3

[1] Maitreya-Buddhastatue gegenüber dem Diskit-Kloster [2] In ganz Ladakh trifft man auf solche humorvoll mahnenden Schilder. [3] Sattgrünes, fruchtbares Hochtal auf dem Weg ins Nubra Valley [4] Das Diskit-Kloster schmiegt sich an den Berg. Es ist nur mühsam zu erreichen. [5] Gleich hinter der Kurve wartet schon der nächste Pass.

Oben: Der Bock an einem absoluten Traumstellplatz am Lake Pangong auf über 4000 Metern Höhe. Dünne, klare Luft, ein gigantischer Sternenhimmel und die phänomenale Bergkulisse laden ein, hier länger zu verweilen. Leider darf man nur sieben Tage bleiben.

Unten: Man kann direkt zuschauen, wie der Jeep der indischen Armee auf seiner sandigen Landzunge allmählich im Lake Pangong absäuft.

Der Bock soll die indische Armee retten

AM 3 IDIOTS POINT SÄUFT EIN JEEP IM SEE AB

Wir stehen ungestört am wunderschönen Lake Pangong, wo der indische Kassenschlager *3 Idiots* gedreht wurde. Nur morgens und spätnachmittags kommen Besucher aus dem In- und Ausland, um den Drehort zu besichtigen. Von unserem Standplatz schlendere ich die 300 Meter am See entlang zu einer Landzunge, die ebenfalls als Filmschauplatz diente und sehe bereits zum zweiten Mal innerhalb kürzester Zeit, dass sich ein indischer Mahindra-Jeep dort in den feuchten Sand gegraben hat. Aus einiger Entfernung schaue ich mir das Schauspiel genauer an: Lässig fährt der indische Vater in den schon von Weitem sichtbaren Tiefstand, galant bleibt er stehen und lässt die von den Fahrkünsten des Familienoberhauptes beeindruckten Familienmitglieder aussteigen. Alle starren den Papa hinterm Steuer an, dieser drückt, um seine Fähigkeiten zu unterstreichen, noch mal kräftig aufs Gas...

Die Familie schaut immer noch wie gebannt, diesmal aber vor allem auf den seitlich bereits ordentlich im Sand festgefahrenen Reifen. Papa gibt weiter Gas, den Sand schleudert es nach hinten durch die Luft, toll! Papa steigt aus, sieht sich die Situation aus der Nähe an und begibt sich, weil es ja noch nicht so schlimm ist, wieder auf den Fahrersitz. Anlassen, Gaseinsatz verstärken, das Brüllen des Motors schreckt nun auch die anderen Besucher auf.

Papa steigt aus, der Wagen sitzt komplett auf, lange Gesichter! Man versucht ein-, zweimal anzuschieben, dann ist Schluss! Da entdeckt die Familie in der Ferne unseren LKW und fragt, ob wir bitte herkommen und das Auto aus dem Sand ziehen könnten. Hallo? Könnten nicht zuerst mal die umstehenden Inder helfen, vielleicht will ja sogar die Familie kurz anschieben? Nein, sie hätten schon alles versucht, nichts geht mehr. Bitte mit dem LKW kommen!

Ich: »Das geht nicht, wir haben nämlich vor zwei Tagen geprüft, wie weit wir fahren können und dabei festgestellt, dass hier Tiefsand ist. Da kämen wir von selber nie wieder raus! Deshalb stehen wir auch in 300 Meter Entfernung.«

Die Inder: »Oh.«

Ich: »Ja.«

Die Aktion wäre wirklich viel zu gefährlich gewesen, einen LKW zieht nämlich keiner so schnell aus dem Tiefsand!

Nächster Morgen, gut geschlafen, schöne Nacht, wir sind bereit zur Abfahrt, der Motor läuft. Christian fährt gerade an, da sehe ich im Rückspiegel einen Soldaten auf unser Auto zulaufen.

Ich: »Mach bloß hin und nimm den kürzesten Weg zur Hauptstraße! Da hinten kommt ein Soldat, vielleicht gibt's Ärger, weil wir hier übernachtet haben!«

Christian: »Vielleicht braucht er ja was?«

Ich: »Geh, was soll der schon brauchen?«

Christian bleibt stehen und fragt nach.

Der Soldat: »Wir sind von der Indian Army und stecken im Wasser fest. Bitte rausziehen!«

Nicht schon wieder, der hier gedrehte Film macht seinem Namen ja alle Ehre...

Der Soldat springt auf und wir machen uns auf in Richtung See. Als ich das gestrandete Militärfahrzeug entdecke, muss ich unwillkürlich den Kopf schütteln und da ich sowieso keine Möglichkeit sehe, zu helfen, würde ich am liebsten gleich weiterfahren. Christian aber geht mit dem Soldaten zu dem abgesoffenen Jeep und wird dort sofort ganz eifrig begrüßt: »Hi Sir, ich bin Major Soundso und die gesamte Indian Army wäre Ihnen auf ewig dankbar, wenn Sie uns aus dieser verzwickten Situation befreien könnten, bla, bla, bla…«.

Nach einer umfassenden Besichtigung kommt Christian mit dem Soldaten zum Bock zurück: »Eventuell könnte es schon gehen, aber nur wenn und dann und überhaupt besteht die Gefahr, dass wir da auch nicht mehr rauskommen.«

Also frage ich den Soldaten: »Wie kann man nur so bescheuert sein, auf diese extrem enge, sandige Landzunge zu fahren?«

»Hör auf, der tut mir leid, das ist der Fahrer«, zischt Christian mir leise zu. »Sein Major hat ihm befohlen, da reinzufahren. Er wollte das gar nicht!«

Ich: »Und wie bist du mit ihnen verblieben?« – »Ich habe ihnen gesagt, ich würde es probieren, aber ich habe eine superängstliche Frau im Wagen sitzen, die muss ich erst fragen!«

Geht's noch? Obwohl mich der Soldat jetzt treuherzig anschaut, sage ich klipp und klar, dass ich nicht da runterfahren möchte, da ohnehin kaum eine Chance auf Erfolg besteht und ich keine Lust habe, wegen einem größenwahnsinnigen indischen Major so viel Zeit zu verlieren.

Der Soldat bittet uns noch, in der nächsten Kaserne Bescheid zu geben, das machen wir natürlich gern! Etwa eine Stunde später nehmen ein paar schnittige Sikh-Soldaten unsere Meldung entgegen. Tausend Dank, dass wir das gemeldet haben, sie hätten schon von dem »Unglück« gehört und würden sich demnächst darum kümmern. Dabei lachen sie sich halb kaputt. Uns wünschen sie für alle Zeit alles Gute und eine schöne Reise. Die ewige Dankbarkeit der indischen Armee ist uns jetzt also auch so gewiss. Wir haben den Eindruck, dass dieser Major für sein eigenwilliges Verhalten schon bekannt ist – ist er vielleicht einer der drei Idioten?

Links: Auch in Ladakh werden wir praktisch bei jedem Stopp fotografiert, das reißt nicht ab! Mitte: Eine Rinderherde zieht gemächlich über eine Landzunge im Lake Pangong. Oben rechts: Die Familienangehörigen versuchen etwas lustlos zu retten, was noch zu retten ist. Sie haben ja schon unseren Bock entdeckt. Unten rechts: Der »Trittbrettfahrer« von der indischen Armee fährt zur Unglücksstelle mit.

Leh: Warten auf den Dalai Lama

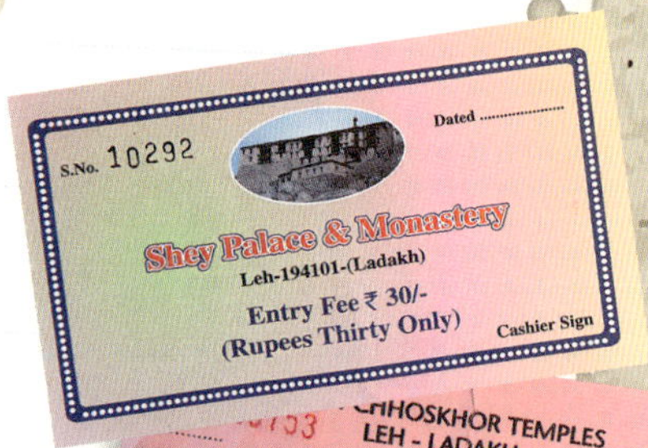
S.No. 10292
Dated ....
Shey Palace & Monastery
Leh-194101-(Ladakh)
Entry Fee ₹ 30/-
(Rupees Thirty Only)
Cashier Sign

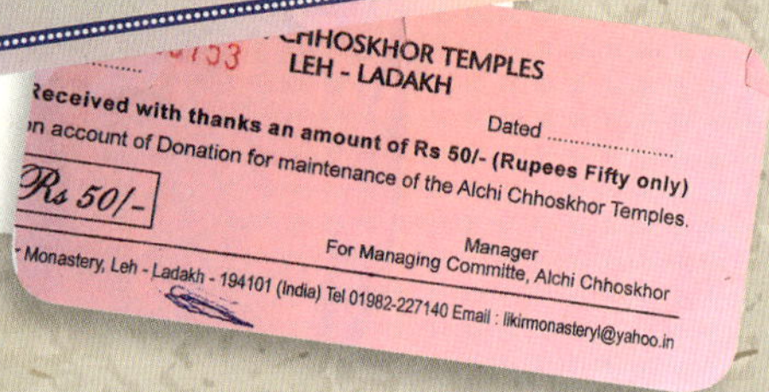
CHHOSKHOR TEMPLES
LEH - LADAKH
Dated ....
Received with thanks an amount of Rs 50/- (Rupees Fifty only)
n account of Donation for maintenance of the Alchi Chhoskhor Temples.
Rs 50/-
Manager
For Managing Committe, Alchi Chhoskhor
Monastery, Leh - Ladakh - 194101 (India) Tel 01982-227140 Email : likirmonasteryl@yahoo.in

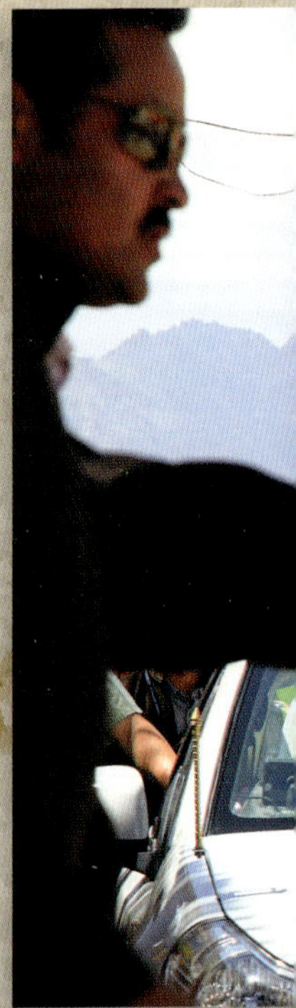

Buddhistische Nonnen warten auf den Dalai Lama und drehen eifrig die Gebetsmühlen.

»Besuche einmal im Jahr einen Ort, den du noch nicht kennst.« Dalai Lama

Der Dalai Lama: Endlich kommt er aus dem Flughafen gefahren, leider steigt er aus Sicherheitsgründen nicht aus dem Wagen.

Bilder vom Dalai Lama findet man in ganz Ladakh, er wird hier sehr verehrt.

Der mit Türkisen verzierte Kopfschmuck gehört zur Tracht der Ladhaki-Frauen.

Ein lang gehegter Traum scheint in Erfüllung zu gehen: den Dalai Lama zu Gesicht zu bekommen! In Leh erfahren wir, dass das Oberhaupt der Tibeter auf dem Weg zu seinem Sommerwohnsitz in Ladakh ist und dort an einigen Veranstaltungen teilnehmen wird. Am Flughafen sind dann auch schon viele Nonnen und Mönche unterwegs, dazu Frauen in herrlichen Trachten mit prächtigem Türkisschmuck. Die Gelbmützenmönche, auch der Dalai Lama gehört zu ihnen, stehen schon in Reih und Glied und freuen sich darauf, Seine Heiligkeit zu sehen. Und dann landet das Flugzeug, die Schranke geht auf und der Dalai Lama fährt vorbei. Aus Sicherheitsgründen steigt er leider nicht aus dem Wagen, aber ich bin trotzdem begeistert, ich sehe ihn recht gut! Das Warten hat sich also gelohnt.

Bei einer sonnigen Bootsfahrt am späten Nachmittag auf dem Dal Lake in Srinagar/Kaschmir lächeln uns freundliche Muslime zu.

Rajasthan: Einfach schön!

So vielfältig ist Rajasthan, das Land der Maharadschas und zweitgrößter Bundesstaat Indiens: sandfarbene Festungen, prunkvolle Paläste und imposante Wüstenstädte, quirlige Märkte, die blaue Stadt Jodhpur, einzigartige Wandmalereien in Udaipur, wo es auch einen herrlichen See mit Palasthotel gibt. Die Frauen hier sind wunderschön anzusehen, hochgewachsen und mit glänzenden Saris in kräftigen Farben tragen sie heiter lächelnd und mit aufrechtem Gang ihre Wasserbehälter auf dem Kopf durch die Straßen. Ein Catwalk mit attraktiven, bunten Modellen! Auch die Männer mit ihren farbenfrohen Turbanen, die aus etwa neun Meter langen Stoffbahnen gewickelt sind, können sich sehen lassen. Ein Hauptzweig der hiesigen Wirtschaft ist der Anbau von Baumwolle und der Transport der Ernte findet auf völlig überladenen Fahrzeugen statt, teilweise auch unter Einsatz von Kamelgespannen.

Oben: Einzigartige Architektur in Rajasthan

Rechts oben: Eine der vielen gutaussehenden einheimischen Frauen sitzt in ihrem herrlich bunten Sari vor ihrem Haus und lächelt.

Rechts unten: Auch in Rajasthan legen die Frauen bei festlichen Anlässen größten Wert auf schöne Hände. Dazu gehört auf jeden Fall Hennabemalung, aber auch Ringe und lackierte Nägel.

Mumbai

UNGLAUBLICHE GEGENSÄTZE

Die Megacity Mumbai zählt mitsamt ihren Außenbezirken geschätzt etwa 20 Millionen Einwohner. Davon leben mehr als 50 Prozent in Slums. Ungefähr 2000 davon gibt es in Mumbai, der größte heißt Dharavi, bekannt durch den mit acht Oscars ausgezeichneten Film *Slumdog Millionär*. Dharavi ist einer der drei größten Slums in Asien. Laut Vereinten Nationen hat ein Slum fünf Merkmale: unsicherer Wohnstatus (wie lange kann man bleiben, wird der Slum demnächst abgerissen, wie hoch ist die Miete...), schlechte Bausubstanz (Wellblechhütten, keine Fenster, undichte Dächer...), Überfüllung (zu viele Menschen auf zu engem Raum), keine ausreichenden sanitären Anlagen (teilweise gibt es eine Toilette für mehr als 1000 Bewohner) und unzureichender Zugang zu sauberem Wasser (kein fließend Wasser, weite Wege zum Brunnen, schlechte oder meist fehlende Kanalisation...).

Der extreme Gegensatz zwischen bitterer Armut und maßlosem Reichtum in einer der bevölkerungsreichsten Städte der Welt ist beängstigend. Auf der einen Seite führt Indien die Liste der Staaten mit den meisten Milliardären weltweit an, andererseits befindet sich der Lebensstandard durch das nicht vorhandene Sozialsystem teilweise auf einem unvorstellbar niedrigen Niveau. Menschen, die mit ihren wenigen Habseligkeiten auf Verkehrsinseln im Zentrum von Mumbai leben, während drum herum Kinder jeden Alters vergnügt zwischen den provisorisch gespannten Wäscheleinen spielen – das ist ein Anblick, den man nicht mehr vergisst! Privatsphäre gibt es praktisch keine, nur spätnachts, wenn Mumbai für kurze Zeit in einen unruhigen Schlaf fällt, können die Menschen unter zerlumpten alten Decken und in Schlafsäcken ein bisschen Nähe und Wärme finden. In der Öffentlichkeit gelebte totale Armut, so etwas gibt es bei uns in dieser Form nicht. Ein Pappkarton als Sitzgelegenheit, ein durchlöcherter Schlafsack, ein alter Topf und ein, zwei persönliche Gegenstände wie Fotos oder Heiligenbilder, mehr ist da nicht. Aber was ich bei allem Unbehagen, das ich angesichts solcher Szenen auch nach vielen Reisen immer noch empfinde, trotzdem jedes Mal wahrnehme, ist eine seltsame Art von Würde. Ich habe den Eindruck, dass die Leute hier leben, als wären sie in ihrer Wohnung, als wäre das ganz normaler Alltag. Niemand wirkt geknickt, verschämt, verhärmt, keiner versucht, sich zu verstecken oder wegzudrehen. Ich habe immer wieder festgestellt, dass die Inder eine ganz andere Einstellung zum Leben haben als wir Deutschen. Besonders positiv hervorzuheben

Rechts: [1] In den Slums von Mumbai. Trotz großer Armut fehlt selten die Satellitenschüssel auf dem Dach. [2] Heiligenbildchen mit Blumenkette am Übernachtungsplatz eines Obdachlosen [3] Das hübsche Mädchen lebt auf der Straße. [4] Auch heute findet man in den Gassen noch viele Ochsengespanne. [5] Diese bildschöne Inderin legt großen Wert auf ihr Äußeres, obwohl sie in einem Zelt auf der Straße lebt. [6] Ein kleines Säckchen mit letzten Habseligkeiten und daneben ein Bild von Ganesh, dem Elefantengott

Links: Im Auftrag des Herrn: Auf dem Wagen steht »Om Sai Ram«, ein Mantra von Shirdi Sai Baba.

1

4

2

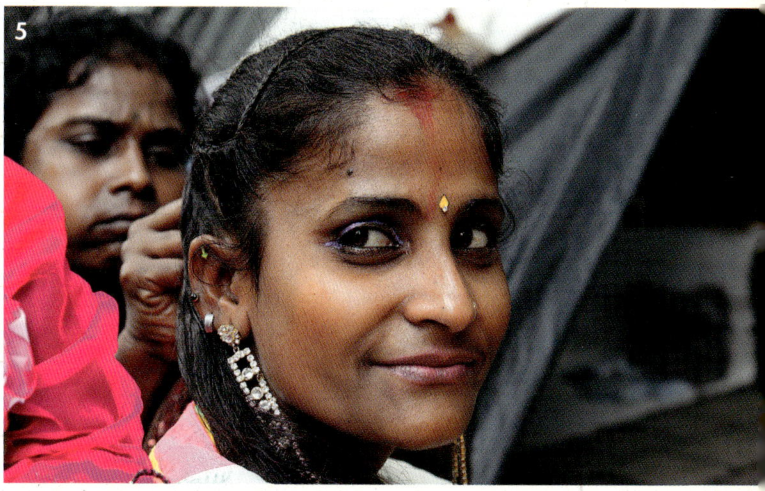
5

3

6

ist, dass die Menschen hier anderen ihren Erfolg gönnen, man verspürt kaum Neid.

Ich wurde einmal mit einer fetten Luxuslimousine vom Flughafen mitten in die Slums von Mumbai zu einem Sechs-Sterne-Hotel gefahren. Dergleichen wäre im Westen schlichtweg tabu, man würde so etwas einfach nicht machen, weil man bei uns davon ausgeht, dass sich niemand inmitten von so viel Elend wohlfühlen kann! In Indien ist das hingegen kein Problem. Zu der Frage, wie es möglich ist, so viel Armut klaglos zu dulden, gibt es viele Theorien. Mutmaßungen zufolge hat diese Demut einen religiösen Ursprung und macht das offiziell zwar abgeschaffte aber dennoch weiter gelebte Kastensystem, das als schicksalsbedingt hingenommen wird, die Bedürftigkeit erträglich und lässt sie sogar normal erscheinen. Viele Inder nutzen jede Gelegenheit, ihre Lage zu verbessern, gleichzeitig akzeptieren sie vieles als unabänderlich, als Schicksal. Dieses Verhalten zieht eine gewisse gelassene Grundstimmung in der Gesellschaft nach sich, und speziell die Zugehörigen der oberen Kasten wollen das System natürlich aufrechterhalten. Stehen mit der unteren Kaste der Shudras und der untersten Kaste der Unberührbaren auf diese Weise doch genügend billige Dienstboten und andere Arbeitskräfte zur Verfügung. Man kann ganz eindeutig sagen, dass ausschließlich die obersten Kasten von dem System profitieren, jedoch dürfte es wohl schwierig werden, in einem Land mit so weitreichender Armut und mehr als einer Milliarde Einwohnern einen grundlegenden gesellschaftlichen Strukturwandel durchzusetzen. In vielen Vierteln Mumbais leben die Leute auf der Straße und bauen sich auf dem Gehsteig

an einem schmalen Wandstück neben einem Geschäft einen kleinen Hausaltar. Darunter steht ein fein säuberlich mit Plastikfolie abgedeckter Karton. Tagsüber werden in den Geschäften und Büros direkt daneben die großen Geschäfte gemacht, aber irgendwann mitten in der Nacht kommen die Bewohner zu ihren Schlafplätzen, falten die Kartons auseinander, beten noch zu dem Hindugott, dessen Bild an der Hauswand hängt und finden dann endlich Ruhe. Ab etwa fünf Uhr morgens ist es damit vorbei, die Rikschas und Ochsenkarren rollen schwer beladen zu den Märkten und Geschäften. Auch die heiligen Kühe ziehen wieder durch die Gassen. Mumbai erwacht! Ein neuer Tag beginnt, das alte Elend bleibt. Ein paar Tage »Mumbai intensiv« und die eigene, privilegierte Einstellung zum Thema Armut ändert sich grundlegend!

Oben: Mit dieser armen Frau habe ich mich unterhalten, sie hat alles verloren. Trotzdem hat auch sie irgendwo ein Heiligenbildchen hängen und einen Karton für die Nacht liegen. Farbenfroh gekleidet lächelt sie mir zu.

Links: An dieser Stelle hat sich ein besonderer Verehrer von Shirdi Sai Baba, dem universellen Meister, eine »Heimstatt« eingerichtet.

Und jetzt verschiffen wir… Goodbye India!

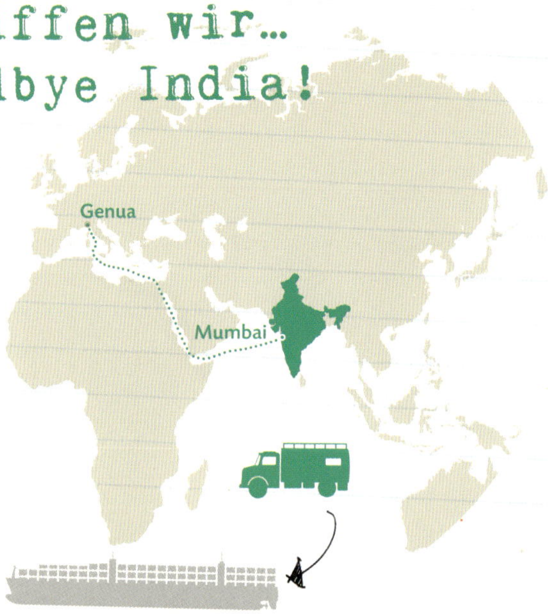

Leider müssen wir den Bock vor der Hafeneinfahrt an einen indischen Fahrer übergeben. Ich mag gar nicht daran denken, was bis Europa alles passieren kann!

Diesen nicht gerade vertrauenerweckenden Aufgang nehmen wir, um bei unserer Verschiffungsagentur nachzufragen, ob und wann es denn losgeht.

»Die gefährlichste aller Weltanschauungen ist die Weltanschauung der Leute, welche die Welt nicht angeschaut haben.«
Alexander von Humboldt

Unser LKW-Schmuck aus Nepal hängt bei der Abfahrt in Indien immer noch am Spiegel. Mal sehen, ob er in München ankommt!

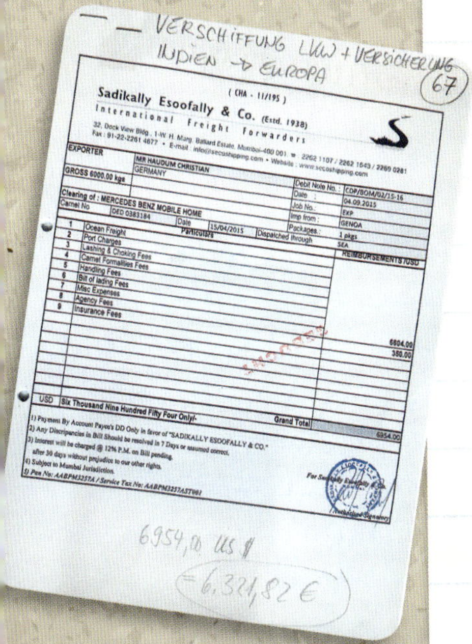

VERSCHIFFUNG LKW + VERSICHERUNG
INDIEN → EUROPA
67

(CHA - 11/195)
Sadikally Esoofally & Co. (Estd. 1938)
International Freight Forwarders
32, Dock View Bldg., 1-W. H. Marg, Ballard Estate, Mumbai-400 001. ☎ : 2262 1107 / 2262 1643 / 2269 0281
Fax : 91-22-2261 4877 • E-mail : info@secoshipping.com • Website : www.secoshipping.com

EXPORTER: MR HAUDUM CHRISTIAN, GERMANY
GROSS 6000.00 kgs
Debit Note No. : CDP/BOM/02/15-16
Date : 04.09.2015
Job No. : EXP
Imp from : GENOA
Packages : 1 pkgs
Dispatched through : SEA
Clearing of : MERCEDES BENZ MOBILE HOME
Carnet No: DED 0383184 — Date: 15/04/2015

	Particulars	REIMBURSEMENTS/USD
1	Ocean Freight	
2	Port Charges	
3	Lashing & Choking Fees	
4	Carnet Formalities Fees	
5	Handling Fees	
6	Bill of lading Fees	
7	Misc Expenses	
8	Agency Fees	
9	Insurance Fees	
		6604.00
		350.00
USD	Six Thousand Nine Hundred Fifty Four Only/- Grand Total	6954.00

1) Payment By Account Payee's DD Only in favor of "SADIKALLY ESOOFALLY & CO."
2) Any Discripancies in Bill Should be resolved in 7 Days or assumed correct.
3) Interest will be charged @ 12% P.M. on Bill pending after 30 days without prejudice to our other rights.
4) Subject to Mumbai Jurisdiction.
5) Pan No: AABPM3257A / Service Tax No: AABPM3257AST001

For Sadikally Esoofally & Co.
Authorised Signatory

6954,00 US $
= 6.321,82 €

Schon weit im Vorfeld hatten wir mit Mustafa von der Verschiffungsagentur in Mumbai Kontakt aufgenommen. Die Auskunft, wie so oft in Indien: kein Problem! Und wie so oft in Indien stellt sich später heraus: viele Probleme! Inder geben einfach nicht gern zu, dass sie irgendetwas nicht wissen bzw. dass es gar nicht in ihrer Macht steht, es zu beeinflussen. Und so geht es in Mumbai dann auch von Muh zu Müh und von Hüh zu Hott… Irgendwann am Spätnachmittag heißt es dann: Morgen geht es los. Tanken, waschen, packen, Hektik bricht aus. Am Hafentor müssen wir den Bock in fremde Hände geben, wir dürfen das Hafengelände nicht betreten! Der Hals wird trocken, die Tränen lassen sich nicht länger zurückhalten: Goodbye Indien, goodbye Asien, es war eine unglaublich schöne Reise!

Making-Of

Übersicht der Reise

Übernachtung am Gaskrater/ Turkmenistan S. 38/39

Afghanenmarkt
S. 44/45

Russland/Tanzen in Nowosibirsk
S. 54/55

Thailand
S. 108/109

Autoreparatur in Indien
S. 138/139

Holi in Manipur
S. 140/141

Roads of Ladakh
S. 160/161

Ladakh und Kaschmir
S. 162/163

Ein Making-of und Hintergrundinfos zur Reise finden Sie auch online auf: www.asia-overland.de

Rechts: [1] Soldaten der Terrakottaarmee in Xian/China [2] Ein Rhesusaffe schleckt genüsslich sein Eis. [3] »Bitte Vorsicht«-Hinweise in Ladakh [4] Eine meiner Lieblingsbeschäftigungen! [5] Heilige Kuh in Rishikesh [6] Om, das ursprüngliche Wort, in dem alles enthalten ist [7] Hindupilger zu Besuch am Bock

Wie Sie die QR-Codes verwenden

Halten Sie Ihr Smartphone oder Tablet auf den abgedruckten QR-Code und nach ein paar Sekunden wird das entsprechende Youtube-Video auf dem Bildschirm angezeigt.

1. Installieren Sie ein Programm zum Auslesen des QR-Codes auf dem Smartphone, und starten Sie es.
2. Führen Sie das Kameraobjektiv auf den QR-Code. Dabei wird entweder der QR-Code automatisch erkannt, oder Sie werden von dem Programm aufgefordert, auf eine Schaltfläche zu klicken.
3. Auf dem Bildschirm des mobilen Geräts öffnet sich eine Internetseite, und der Verweis auf den verschlüsselten Code erscheint.

Folgende Programme sind für Smartphones kostenlos:

Apple iPhone: Scan, QR Reader for iPhone
Android: QR Code Reader, QR Droid Code Scanner

1

2

3

4

5

6

7

IMPRESSUM

Verantwortlich Marianne Huber
Redaktion Viola Siegemund
Korrektorat Daniela Hansjakob
Satz, Layout und Kartografie Esther Gonstalla (erdgeschoss-grafik.de)
Repro LUDWIG:media
Umschlaggestaltung Esther Gonstalla
Herstellung Bettina Schippel
Printed by Printer Trento in Italy

★★★★★

Sind Sie mit diesem Titel zufrieden? Dann würden wir uns über Ihre Weiterempfehlung freuen.
Erzählen Sie es im Freundeskreis, berichten Sie Ihrem Buchhändler, oder bewerten Sie bei Onlinekauf. Und wenn Sie Kritik, Korrekturen, Aktualisierungen haben, freuen wir uns über Ihre Nachricht an NG Buchverlag, Postfach 40 02 09, D-80702 München oder per E-Mail an info@nationalgeographic-buch.de.

Unser komplettes Programm finden Sie unter www.nationalgeographic-buch.de

Alle Angaben dieses Werkes wurden von den Autoren sorgfältig recherchiert und auf den neuesten Stand gebracht sowie vom Verlag geprüft. Für die Richtigkeit der Angaben kann jedoch keine Haftung übernommen werden.

Textnachweis
alle Texte: Gabriele Gerner
Bildnachweis
sämtliche Fotografien: Gabriele Gerner
Umschlagvorderseite: v.o.n.u.: Die Freakstreet in Kathmandu; Begegnung mit Elefanten im indischen Assam, unweit des Kaziranga-Nationalparks: Die Bananen waren eigentlich als Abendessen gedacht; Fröhliche Mädchen in China.
Umschlagrückseite: v.o.n.u.: Ferienhaus auf Koh Lanta; Die Autorin zusammen mit Nomadenkindern in Kirgistan; Der Bock an einem absoluten Traumstellplatz am Lake Pangong in Indien.
S. 2: Der Bock »beladen« mit dem großen Buddha im Buddha-Park von Ravangla in Sikkim.
S. 185: Sonnenuntergang in Sukothai (Thailand)

Die Deutsche Nationalbibliothek verzeichnet diese Publikation in der Deutschen Nationalbibliografie; detaillierte bibliografische Angaben sind im Internet über http://dnb.d-nb.de abrufbar.

ISBN 978-3-86690-669-3

Seit ihrer Gründung 1888 hat sich die National Geographic Society weltweit an mehr als 12 000 Expeditionen, Forschungs- und Schutzprojekten beteiligt. Die Gesellschaft erhält Fördermittel von National Geographic Partners LLC, unterstützt unter anderem durch Ihren Kauf. Ein Teil der Einnahmen dieses Buches hilft uns bei der lebenswichtigen Arbeit zur Bewahrung unserer Welt. Das legendäre NATIONAL GEOGRAPHIC-Magazin erscheint monatlich. Darin veröffentlichen namhafte Fotografen ihre Bilder und renommierte Autoren berichten aus nahezu allen Wissensgebieten der Welt. National Geographic im TV ist ein Premium-Dokumentationssender, der ein informatives und unterhaltsames Programm rund um die Themen Wissenschaft, Technik, Geschichte und Weltkulturen bereithält. Falls Sie mehr über National Geographic wissen wollen, besuchen Sie unsere Website unter www.nationalgeographic.de.

Ebenfalls erhältlich

ISBN 978-3-86690-549-8